Andre Zeiten, andre Drachen

Eine Kulturgeschichte der Drachen

VERGANGENHEITS
VERLAG

Wolfgang Schwerdt

# Andre Zeiten, andre Drachen

## Eine Kulturgeschichte der Drachen

VERGANGENHEITS
VERLAG

Bibliografische Informationen der Deutschen Nationalbibliothek
Die Deutsche Nationalbibliothek verzeichnet diese Publikation in
der Deutschen Nationalbibliografie; detaillierte bibliografische
Daten sind im Internet über http://dnb.d-nb.de abrufbar.

ISBN 978-3-940621-25-2

Lektorat: Martina Lehnigk
Grafisches Gesamtkonzept, Titelgestaltung, Satz und Layout:
Stefan Berndt – www.fototypo.de

Impressum

# Inhalt

# Vorbemerkung

Seit wenigstens 5.000 Jahren gehören die Drachen zur Vorstellungswelt der menschlichen Kulturen nahezu überall auf der Erde. Heute erscheint uns vor allem die Fantasywelt in all ihren verschiedenen Ausprägungen als Lebensraum des mythologischen Ungeheuers. Spätestens seit dem durchschlagenden Erfolg von Harry Potter findet auch wieder in der Breite eine Auseinandersetzung mit dem faszinierenden Fabeltier statt. Drachologie ist der Begriff, unter dem sich die phantastische Drachenforschung versammelt und über Gestalt, Eigenschaften, Züchtung, biologisch-physikalische Grundlagen, Charakter und Herkunft diskutiert und spekuliert. In Harry Potters Welt gibt es für diese Art der Drachenforschung sogar eine Institution: das ›Amt für Drachenforschung und Drachenzähmung im Zaubereiministerium‹.

Ganz so gut organisiert ist die wissenschaftliche Drachenforschung[1], die Dracologie, nicht. Und der Unterschied liegt nicht nur in der Begrifflichkeit: Die wissenschaftliche Drachenforschung befasst sich mit der Geschichte der menschlichen Kultur, die nicht nur die Kunst, sondern alle Lebensäußerungen menschlicher Gemeinschaften, von der Technologie über Politik und Wirtschaft bis hin zur Philosophie und der gesellschaftlichen Organisation umfasst.

Die Fantasyliteratur mit ihren Drachen ist ein Teil dieser kulturellen Lebensäußerungen, ebenso wie Volks- und Kunstmärchen, Mythologien, Epen, Sagen oder Legenden, Chroniken, politische Pamphlete oder Gesetzestexte. Es sind vor allem die literarischen Ausdrucksformen von Kultur, die uns über die kulturgeschichtliche Existenz des Drachen in allen gesellschaftlichen Bereichen informieren. Je mehr sich aber die Tradierungen von Sagen und Märchen der Gegenwart nähern, desto weniger Informationen liefern sie über konkrete Drachenvorstellungen und -funktionen in einer bestimmten Kultur zu einer bestimmten Zeit. Allein die Notwendigkeit eine alte Geschichte sprachlich immer wieder so zu überarbeiten, dass sie von den nachfolgenden Generationen überhaupt verstanden werden kann, bedeutet schon den Verlust eines Teils des kulturgeschichtlichen Hintergrunds des Originals. Und dass bei der Überarbeitung auch gleich die zeitgenössischen Drachenvorstellungen des ›Übersetzers‹ mit einfließen, versteht sich von selbst.

Die Ursprünge der Drachenvorstellungen lassen sich wissenschaftlich in die Frühgeschichte zurückverfolgen. Sie haben sich offensichtlich weltweit in mehreren Zivilisationszentren zunächst unabhängig voneinander entwickelt, von dort aus verbreitet und in unterschiedlichem Maße gegenseitig beeinflusst. Ebenso unterschiedlich wie die Zivilisationen in denen die Drachenvorstellungen entstanden sind, sind auch das Erscheinungsbild und die Charaktereigenschaften des Drachen. Der in seinem Aussehen recht einheitliche ost- und südostasiatische Drache gilt allgemein als freundlicher, glücksbringender Hüter des Universums. Tatsächlich ist sein Wesen jedoch sehr viel komplexer. Nicht zufällig hat Quiguang Zhao, Professor für chinesische Sprache und Literatur, nahezu ein Jahrzehnt recherchieren müssen, um 1992 sein Standardwerk ›A Study of Dragons, East and West‹ zu publizieren, in dem die unterschiedlichen Ideen, die dem asiatischen Drachen zugrunde liegen, analysiert werden.[2]

Das folgende Beispiel mag die komplizierten kulturellen und interkulturellen Beziehungen allein des asiatischen Drachen veranschaulichen. Der japanische Drache ist auf den ersten Blick vom Chinesischen kaum zu unterscheiden: Tatsächlich aber verfügt der japanische Drache über maximal vier Klauen pro Bein. Der chinesische Drache besitzt als einziger ostasiatischer Drache fünf Klauen, vorausgesetzt, es handelt sich um einen kaiserlichen Drachen. Nur der kaiserliche chinesische Drache darf mit fünf Klauen dargestellt werden, einem Zeichen des universellen Herrschaftsanspruchs der göttlichen chinesischen Drachenkaiser, das ganz offensichtlich bei den anderen ostasiatischen Kulturen anerkannt wurde.

Der ›westliche‹ Drache, dessen zivilisatorische Ursprünge sich in Mesopotamien und der Kaukasusregion finden, kann von Ort zu Ort recht unterschiedlich aussehen, scheint sich in seinem Wesen jedoch sehr zu ähneln. Aber auch hier sind zahlreiche kulturelle Besonderheiten, Eigenschaften und Charaktere zu finden, wie die griechischen, nordischen oder keltischen Drachenvorstellungen belegen. Und auch innerhalb der einzelnen Regionen gibt es zahlreiche inhaltliche und formale Drachenvariationen, abhängig beispielsweise von Migrationshintergründen oder politischen Beziehungen zwischen den einzelnen Gemeinschaften in einer von uns heute als zusammengehörend wahrgenommenen Kultur. Der Vollständigkeit halber seien hier noch die süd-, mittel- und nordamerikanischen Zivilisationszentren genannt: Zu den bekanntesten Vertretern der vielfältigen und in ihrer Bedeutung noch weitgehend unerkannten Drachenwelt des amerikanischen Doppelkontinents gehört sicherlich die ›gefiederte Schlange‹ der Olmeken.

Allen Drachen gemeinsam ist aber ihre göttliche Abstammung und die zentrale Rolle, die sie in den mythologischen Entstehungsgeschichten der jeweiligen Kulturen spielen.

Eine halbwegs vollständige kulturgeschichtliche Darstellung der Drachen dieser Welt würde mehrere umfangreiche Bücher füllen. Im Rahmen dieser Publikation habe ich mich daher auf den ›westlichen‹ Drachen beschränkt und nur die Hauptstränge dieser Drachenwelten entwickelt. Das bedeutet aber immer noch eine Reise durch 10.000 Jahre Kulturgeschichte Europas und Vorderasiens.

# Was zum Teufel ist ein Drache?

Auf den ersten Blick mag diese Frage ein wenig irritieren, denn die Antwort scheint klar: Ein Drache ist, so wissen wir aus Mythen, Legenden und Märchen, ein feuerspeiendes Ungeheuer, das eine besondere Vorliebe für Jungfrauen hat, Schätze bewacht und Landschaften verwüstet. Daraus folgt dann, dass Drachen von Rittern abgeschlachtet werden müssen, um die Menschheit von diesen Ungeheuern zu befreien.

Gewaltig groß sind Drachen. Und sie sehen aus wie Echsen – so glauben wir zu wissen – mit mächtigem Gebiss, fürchterlichen Klauen und giftigem Atem; und nicht zu vergessen, die riesigen Fledermausflügel, die die reptilartigen Wesen durch die Lüfte tragen.

Und dann ist da noch die Sache mit dem Teufel: In der Offenbarung des Johannes[3] erscheint der vom

Himmel gestürzte Satan als mächtiges Tier, das mit der verführerischen ›Alten Schlange‹ beziehungsweise dem ›Alten Drachen‹ des Paradieses gleichgesetzt wird. Und dieses Tier hat nur wenig Ähnlichkeit mit Erscheinung und Konzept der bekannten Märchen- und Sagendrachen. Da geht es um ganz andere Kaliber von machtvollen Mischwesen. In der Johannesoffenbarung 13, 1-2 heißt es: »Ein Tier stieg aus dem Meer, mit zehn Hörnern und sieben Köpfen. Auf seinen Hörnern trug es zehn Diademe und auf seinen Köpfen Namen, die eine Gotteslästerung waren. Das Tier, das ich sah, glich einem Panther; seine Füße waren wie die Tatzen eines Bären und sein Maul wie das Maul eines Löwen. Und der Drache hatte ihm seine Gewalt übergeben, seinen Thron und seine große Macht.«

Schauen wir uns die naturkundlichen Werke aus der Zeit der Aufklärung an, die Tierlexika des 17. und 18. Jahrhunderts beispielsweise, so finden sich dort ausführliche, scheinbar wissenschaftliche Beschreibungen von Drachen als biologische Wesen. Heute stellt unter anderem die Kryptozoologie einen direkten Zusammenhang zwischen den legendären Ungeheuern und den Komodowaranen oder den Sauriern her.

Die auf den ersten Blick so einfache Definition des Drachen, wirft nun bereits die ersten Fragen und auch Zweifel auf. Ist der Drache ein Märchen- und Sagenwesen oder ist er ein Produkt religiöser Vorstellungen? Gab es Drachen jemals wirklich und wie sahen sie tatsächlich aus?

Andre Zeiten, andre Drachen: Der Titel dieses Buches spricht bereits für eine große Wandlungsfähigkeit der Drachenwesen, die die Menschheit seit Jahrtausenden begleiten. Und je nach den Zeiten und Kulturen, aus denen wir etwas über Drachen erfahren, verkörpert der Drache andere Konzepte und andere Erscheinungsformen. Nur eines ist allen Drachenwesen gemeinsam: der direkte Bezug zur menschlichen Kultur.

## Marduk der Muttermörder oder der Ursprung des Drachen

Die Frage nach dem Ursprung des Drachen dokumentiert auch das generelle Bedürfnis des Menschen, Dinge und Phänomene einordnen zu wollen. Bei historischen Themen, das kennt man aus dem Geschichtsunterricht, funktioniert diese Einordnung durch eine möglichst präzise Datierung. Jahreszahlen oder wenigstens die Festlegung eng umrissener und klar voneinander abgrenzbarer Zeiträume machen Geschichte scheinbar verständlich. Große Persönlichkeiten, Herrscher, Feldherren, Philosophen, das sind weitere Fixpunkte für das Geschichtsverständnis der Menschen, die ihre alltägliche Denkweise an ein Leben in arbeitsteiligen, hierarchisch strukturierten Gesellschaften angepasst haben. Und nicht zuletzt scheint es ebenfalls wichtig zu sein, Ursprungsorte auszumachen. Auch die Drachenforschung ist davon nicht frei. Bis heute beginnt nahezu jede Auseinandersetzung mit dem mythologischen Ungeheuer bei Marduk und Tiâmat. Die Keilschriftbelege über diese Urgottheiten, vor allem der sumerisch-babylonische Schöpfungsmythos Enûma elîsch, gelten als erste dokumentierte Erwähnung des Drachen. Das Enûma elîsch, ist eine Art ›amtlich beglaubigte Geburtsurkunde‹ des Drachen – etwas Besseres kann man sich auf den ersten Blick als wissenschaftlicher ›Ursprungsjäger‹ kaum vorstellen. 1849 entdeckte der britische Archäologe Austen Henry Layard den Haupttext des Enûma elîsch. Das Dokument besteht aus sieben mit Keilschrift beschriebenen Tontafeln der königlichen Bibliothek in Ninive, der assyrischen Hauptstadt des 1. vorchristlichen Jahrtausends. Die Wissenschaftler schätzen das Alter des babylonischen Schöpfungsmythos unterschiedlich ein. Fest steht: Er ist irgendwann zwischen 3.000 vor Chr. und 1.100 vor Chr. entstanden. Der zweite Blick zeigt also, dass der Wert dieser ›Geburtsurkunde‹ hinsichtlich des Ursprungs des Drachen zweifelhaft ist. Glücklicherweise haben Archäologie- und Geschichtsverständnis im Laufe der letzten 50 Jahre eine gewaltige Entwicklung vollzogen. Heute dienen Persönlichkeiten, Orte oder Datierungen eher als Matrix, als Koordinatensystem, als Beispiele für eine als vielschichtigen Prozess begriffene Kulturgeschichte. Orte spielen dabei vor allem als Bezugspunkte weiträumiger und langfristiger kulturgeschichtlicher Entwicklungen eine Rolle.

Dennoch landet man bei der Auseinandersetzung mit dem Drachen aus der ›westlichen Perspektive‹ unweigerlich beim sehr gut dokumentierten und untersuchten sumerisch-babylonischen Schöpfungsmythos Enûma elîsch. Das Enûma elîsch steht hier beispielhaft für den in den frühgeschichtlichen vorderasiatischen Kulturen weit verbreiteten Mythos des Drachen- oder Chaoskampfes[4] und handelt vom Aufstieg des babylonischen Stadtgottes Marduk zum unbestrittenen Herrscher über die Götterwelt Mesopotamiens. Damit verbunden ist die Vernichtung des ersten Schöpferpaares: ›Tiâmat‹ die sie alle gebar‹ und des Apsu, des ›Uranfänglichen‹. Die Erschaffung der Welt durch einen neuen, beinahe allmächtigen Göttertyp und die Erschaffung der Menschen als Diener der Götter bilden schließlich die mythologischen Grundpfeiler einer aus dem Chaos geformten, hierarchischen Ordnung.

So beginnt das Enûma elîsch[5]: Als der Himmel oben noch nicht genannt war, als die Erde unten noch keinen Namen hatte, waren die Wasser von Apsu, dem Uranfang, dem Erzeuger und Tiâmat, der Urmutter, die sie alle gebar, noch miteinander vermischt. Noch konnte man weder Land noch Leben erkennen und es gab noch keine Götter, die man hätte nennen können. Schließlich entstand aus der Vereinigung von Tiâmat und Apsu Leben und der Uranfang (Apsu) und die Urmutter (Tiâmat) schufen sich die Götter zu Kindern.

Aus dem ersten, von den Urgottheiten Tiâmat und Apsu geschaffenen Götterpaar waren inzwischen zahlreiche Nachkommen entstanden. Und schließlich wurde auch der strahlende und ehrgeizige Ea gezeugt. Ea fühlte sich offensichtlich in der noch ungeordneten Göttergesellschaft unterfordert und stachelte seine göttlichen

Brüder an, durch unermüdliche Bautätigkeit, Urmutter Tiâmat zu ärgern und ihre Autorität in Frage zu stellen. Schließlich entschieden sich die geplagten Urgottheiten, die Werke ihrer aufsässigen Nachkommen immer wieder zu zerstören, um ihnen die Macht zu nehmen.

Der Konflikt zwischen den Urgottheiten und den ehrgeizigen Göttern schaukelte sich hoch und schließlich hatte der strahlende Ea den uranfänglichen Apsu niedergemacht (möglicherweise auch erschlagen, kastriert oder vergewaltigt). Tiâmat rüstete sich daraufhin zur endgültigen Vernichtung ihrer eigenen Götterkinder.

So gebar die Chaosmutter eine Armee schrecklicher Kreaturen: Riesige Giftschlangen, wütende Drachen, Basilisken, Skorpion- und Fischmenschen und ganze Herden von Meerwiddern war sie in der Lage in die Schlacht zu werfen. Als sich Tiâmat anschickte, ihre aufsässige Brut zu vernichten, da verkroch sich selbst der mächtige Ea vor ihrem Zorn. Es war schließlich Eas Sohn Marduk, der den Kampf mit Tiâmat aufnahm, die inzwischen von einer ursprünglich gestaltlosen Gottheit zu einem Ungeheuer geworden war. Unter Einsatz von Naturgewalten wie Blitzen und Stürmen, aber auch der modernsten babylonischen Waffentechnik, in Form von Bogen und Streitwagen, bezwang Marduk die Urmutter. Nun übernahm Marduk die Schöpferrolle und machte sich auch gleich daran, den Kadaver der nun als Ungeheuer bezeichneten Tiâmat in Erde und Himmel zu teilen. Der gewaltige Gott erschuf Sonne, Mond und Sterne und platzierte sie ordentlich am Himmel. Und aus Blut und Knochen der vernichteten Chaoskreaturen bildete Marduk die Menschen, damit sie den Göttern die Arbeit abnähmen und bestimmte: »Die Pflege der Götter sei ihm (dem Menschen) zur Pflicht. Für immer soll er mit Opfern sie ehren.«[6]

Stellt man das Enûma elîsch in Zusammenhang mit den kulturhistorischen Ereignissen dieser Region, so werden diese Geschichten und ihre Figuren erstaunlich greifbar. Auch der Drache gewinnt in diesem Zusammenhang eine natürliche Realität, die die Frage nach einem biologischen oder psychologischen Ursprung des Ungeheuers zumindest für den vorderasiatischen Kulturkreis völlig überflüssig macht.

Wenn im Enûma elîsch von Tiâmat als Verkörperung der Salzfluten und Apsu, der für das Süßwasser steht, die Rede ist, dann beschreiben diese recht treffend die vorbabylonische südmesopotamische Welt der Sumerer im Spannungsfeld zwischen den mächtigen Flüssen Euphrat und Tigris und dem Persischen Golf. Hier waren die fruchtbaren Schwemmlandniederungen, in denen sich die Sumerer im 4. Jahrtausend vor unserer Zeitrechnung niederließen, um schließlich mit Ur, Uruk, Lagasch oder Kisch die ersten städtischen Zivilisationen zu entwickeln. In sumerischer Zeit reichte das Mündungsgebiet von Euphrat und Tigris weiter als heute in das Landesinnere hinein. Und so spielte das Meer auch als Handelsweg zwischen Städten wie Ur, Uruk, Lagasch oder Kisch und der Indus-Kultur eine große Rolle. Süß- und Salzwasser waren also die natürliche aber auch unberechenbare Lebensgrundlage der frühgeschichtlichen Gesellschaften dieser Region.

Hatten die Menschen Vorderasiens zuvor bereits Jahrtausende als nomadisierende Jäger, Sammler, Vieh-

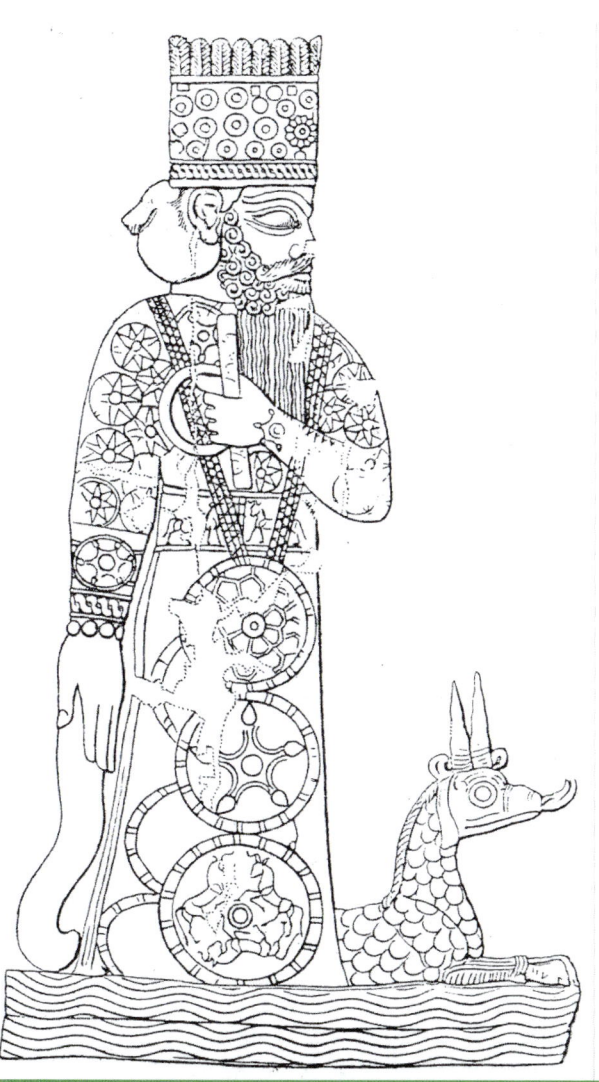

Diese Zeichnung auf einem babylonischen Rollsiegel zeigt den Gott Marduk. Unter seinen Füßen Marduks Attribut, der Drache. Das Wellenmuster, auf dem Gott und Drache ruhen, symbolisiert das Meer, das Element der Urgottheit Tiâmat.

züchter oder auch sesshafte Ackerbauern im Einklang mit der Natur gelebt, war mit den städtischen Zivilisationen ein erbitterter Gegensatz zwischen Mensch und Natur entstanden. Leben im Einklang mit der Natur beschreibt eine gesellschaftliche Lebensweise, die sich an den natürlichen Gesetzmäßigkeiten orientiert und sich als Bestandteil des natürlichen Kreislaufs von Werden, Leben und Sterben begreift. Kennzeichnend hierfür sind beispielsweise die Vorstellung von einer beseelten Natur (Animismus) und das mythische, als verwandtschaftlich begriffene Verhältnis von menschlichen Individuen oder Gemeinschaften zu Tieren, Pflanzen oder anderen Teilen der Natur (Totemismus). Diese mythisch-geistige Verbundenheit mit der natürlichen, beseelten Umwelt beinhaltet ebenfalls ein ganz spezifisches Verhältnis zu den Verstorbenen (Ahnenkult). Das 1950 entdeckte und erst seit 1995 systematisch ausgegrabene steinzeitliche Çatal Höyük[7] aus dem 8. Jahrtausend vor unserer Zeitrechnung ist ein Beispiel für den gesellschaftlich-chaotischen ›Urzustand‹, auf den sich das Enûma elîsch beziehen könnte.

Die Eingriffe in die Natur, die die Entwicklung der städtischen Zivilisationen etwa im 4. Jahrtausend vor unserer Zeitrechnung erforderte, würde man heute wohl als Terraforming bezeichnen. Mit Bewässerungssystemen, Kanalisierungen, gewaltigen Palast-, Tempel- und Festungsbauten und sogar der Umleitung von Flüssen griffen die Menschen bereits im 3. Jahrtausend vor unserer Zeitrechnung massiv in die natürlichen Kreisläufe ein und forderten damit Naturkatastrophen geradezu heraus.[8]

Askili Höyük in Zentralanatolien. Eine mit Çatal Höyük vergleichbare Anlage einer steinzeitlichen Siedlung um 8500 bis 7400 vor Chr.

Die Babylonier verstanden die Folgen ihrer massiven Umgestaltung der Natur wie Erosion, Versumpfung, Überschwemmungen oder Dürren als Reaktionen der ursprünglichen Naturgottheiten, die sich mit den Emanzipationsbestrebungen ihrer Schöpfung nicht abfinden wollten.

Gewaltige organisatorische und technologische, also soziokulturelle Entwicklungssprünge haben in der Zeit zwischen dem anatolischen Çatal Höyük im 8., den sumerischen Siedlungen des 4. und dem Babylon zum Ende des 2. Jahrtausends vor unserer Zeitrechnung stattgefunden. Und als der Text des Enûma elîsch ir-

gendwann um das 1. Jahrtausend vor Chr. mit Holz-
keilen in die sieben babylonischen Tontafeln gedrückt
wurde, lagen die entscheidenden Auseinandersetzungen
zwischen menschlicher Kultur und natürlicher Urmutter
bereits in ferner Vergangenheit.

Die zivilisatorischen Veränderungen des Zeitraumes,
den das Enûma elîsch umfasst, waren auf allen kulturellen Gebieten geradezu revolutionär. In ihrer Komplexi-
tät war die Entstehung der städtischen Zivilisationen,
der so konsequent und hierarchisch organisierten gesellschaftlichen Strukturen, von den Normalsterblichen
kaum zu begreifen. Und so waren aus den Vorfahren
nicht nur der Babylonier Götter und Kulturheroen, also
mythologische Könige und Halbgötter, geworden, die
den Menschen so zentrale Kulturtechniken wie beispielsweise Bewässerungssysteme oder Metallverarbei-
tung gebracht haben. Die inzwischen kontrollierte aber
immer noch unberechenbare Natur war als Verlierer
zum Ungeheuer, zum Drachen mutiert. Sie blieb eine
ständige Bedrohung der neuen göttlichen Ordnung.
Die mythologische Beschreibung der Entstehung der
städtischen Zivilisation und der gesellschaftlichen Ordnung war gleichzeitig Legitimation der bestehenden
Herrschaftsverhältnisse.

Eine solche Legitimation war um so wichtiger, als
die ›göttliche Ordnung‹ ständig mit teils völlig anders
organisierten Kulturen konfrontiert war. In der vorderasiatischen Region, vom persischen Hochland mit
seinen wilden Gebirgen über Mesopotamien, Anatolien und der Levante mit Syrien und Kanaan, wohnten immer verschiedene Kulturen gleichzeitig, die mal

gegeneinander, mal miteinander Bündnisse schlossen, mal lediglich nebeneinander existierten. Da waren einerseits die städtischen Zivilisationen und Reiche mit ihren hochorganisierten Gesellschaften, weitreichenden Handelsbeziehungen, ausgeklügelter Bürokratie. Zum anderen durchwanderten noch relativ naturorientierte nomadische und halbnomadische Völkerschaften unterschiedlicher Herkunft wie Semiten oder Indoeuropäer die gesamte Region: Im persischen Sagrosgebirge lebten die gefürchteten Bergstämme, die mit ihrer ›Wildheit und ihren barbarischen Sitten‹ bereits den akkadischen Herrschern so viel Sorge bereitet hatten. Auch die Zeit der ›naturreligiösen‹ Jäger- und Sammlerkulturen war noch nicht völlig vorüber. Und die Menschen in den ländlichen Bereichen der städtischen Herrschaftsgebiete verließen sich lieber auf den vertrauten Kreislauf der Natur als auf städtisch-bürokratische Ordnungsvorstellungen.

Am Ende des städtischen Zivilisationsprozesses stellte nicht mehr in erster Linie die Natur die Existenz der alten Reiche in Frage. Nun bedrohten vor allem die um die Vorherrschaft konkurrierenden Städte und Völker der kulturell so unglaublich dynamischen Großregion zwischen dem heutigen Anatolien und Persien, der Levante und natürlich Ägypten, die göttliche Ordnung des jeweils vorherrschenden himmlischen und weltlichen Kosmos. Der Drache verkörperte nun auch die gegnerischen Mächte und Götter. Er war nicht lediglich ein Bild, Symbol oder Synonym, sondern eine lebendige, greifbare Realität. Vergleichbar ist dies vielleicht mit nur vermeintlich modernen Begriffen wie ›Schurkenstaat‹,

›Achse des Bösen‹ oder ›al-Qaida‹. Diese Begriffe stellen letztendlich als Wirklichkeit verstandene Modelle hochkomplexer politischer, kultureller, militärischer und weltanschaulicher Strukturen dar. Die Modelle sollen gleichzeitig eine intellektuelle Auseinandersetzung mit dem ›Andersartigen‹ verhindern. Gegen einen ›Schurkenstaat‹, der auch dann einer sein kann, wenn er lediglich die Legitimation der kulturellen und materiellen Vorherrschaft einer Großmacht in Frage stellt, lässt sich ohne moralische Hindernisse problemlos sogar ein Vernichtungskrieg führen. Die Verunglimpfung einer anderen Kultur, einer anderen Macht, einer anderen Lebensweise als chaotisches, mächtiges Ungeheuer, setzt diesen Gegner der eigenen Herrschaft, der eigenen Interessen, ungeprüft ins Unrecht. Der Gegner wird entpersonalisiert, entmenschlicht, seiner kulturellen Identität beraubt. Das Töten eines Ungeheuers, eines Drachen ist jederzeit moralisch geradezu zwingend, ist Notwehr. Die Unterdrückung eines fremden Volkes, das Vernichten einer anderen Kultur hingegen verlangt erhebliche Repressions- oder Legitimationsanstrengungen gegenüber dem eigenen Volk. Somit sind die Kontrahenten, der allmächtige, einzige und ordnende Gott, also ›das Gute‹, auf der einen Seite und der Drache, das Ungeheuer, mithin ›das Böse‹ auf der anderen sowie eine damit verbundene Ideologie unverzichtbare Bestandteile von Herrschaft, zumindest in der vorderasiatischen und westlichen Kultur.

Damit die Herrschaftsausübung durch die Trennung in Gut und Böse oder eben Gott und Drache (oder Teufel) funktioniert, müssen diese übermächtigen

Wesen als lebendige Wirklichkeit begriffen werden. Als Symbole oder lediglich Metaphern erlangen diese Figuren kaum Macht über die Menschen, sondern regen eher zur geistigen Auseinandersetzung an. Erst als lebendig begriffene, bewusst erfahrene Lebewesen können Gott und Drache ihre kulturelle Wirksamkeit entfalten. Würde man also den Menschen beispielsweise im alten Babylon die heute so beliebte Frage stellen, ob es Drachen wirklich gibt, so wäre die absolut ehrliche Antwort ›selbstverständlich‹. Im Grunde gibt es selbst heute viele Menschen, für die im gleichen Selbstverständnis beispielsweise auch das Böse, der Teufel, ganz real existiert.

# Das Geheimnis der alten Schlange

Die Frage, was ein Drache zumindest im frühgeschichtlichen Zusammenhang ist, konnte zunächst mit dem Kampf zwischen der chaotischen Natur und dem kulturschaffenden, dem seine Umwelt formenden Menschen, beantwortet werden. Aber es ist eben nur eine Antwort, die sich aus der Betrachtung des vorderasiatischen Drachen ergeben hat. Seit dem Mittelalter orientierte sich die westliche Forschung an der Heiligen Schrift. Die Bibel war neben den Überlieferungen der griechischen klassischen Antike die archäologische Landkarte der Forscher des 19. und teilweise auch des 20. Jahrhunderts. Nach Babylon oder anderen vorderasiatischen Städten suchte man nicht primär wegen ihrer eigenständigen kulturellen Bedeutung, sondern als Teil der biblischen Geschichte. Auch das Enûma elisch war weniger als Dokument zum Verständnis der babylonisch-sumerischen Kultur und Kulturgeschichte interessant, sondern als Grundlage der Diskussion über die Ursprünge der biblischen Schöpfungsgeschichte und Gottesvorstellung. Noch heute findet man Abhandlungen über den vorderasiatischen Drachen vor allem in Büchern oder auf Internetseiten zur Bibelforschung. Und bei genauerer Betrachtung ist es auch das geistige Koordinatensystem der Bibel[9], das den Drachen im westlichen Verständnis als zerstörerisch und böse erscheinen lässt.

Erst in den letzten Jahrzehnten hat hinsichtlich des historischen Wertes der Bibel ein Umdenken in der westlichen Archäologie stattgefunden. Dazu haben nicht nur bessere Datierungs-, Erkundungs- und Untersuchungsverfahren beigetragen, die viele aus der Bibel heraus begründete Fundinterpretationen unhaltbar gemacht haben.[10] Auch überraschende Funde außerhalb der klassischen Region der biblischen Archäologie, in Mesopotamien, der Levante und Ägypten, zwangen insgesamt zu ganz neuen Überlegungen hinsichtlich der Bewertung kulturgeschichtlicher Prozesse. Und losgelöst vom Fokus auf die biblische Archäologie gelangt auch die Drachenforschung zu neuen Ansatzpunkten und Erkenntnissen.

Auf den vorderasiatischen Abbildungen, die vor allem von Rollsiegeln bekannt sind, sind die chaotischen Gegner der jeweiligen siegreichen Wettergötter überwiegend als Schlangen dargestellt. Es finden sich aber auch sogenannte Schlangenhalsdrachen mit vierbeinigen Körpern oder vierbeinige Löwenkopfdrachen mit Schlangenkörper.

Sumerisches Rollsiegel mit löwenköpfigen Schlangenhalsdrachen, Uruk 4100 bis 3000 vor Chr.

Die Schlange, so scheint es, ist aus dem Bild, das sich die Menschen vom Drachen machten, nicht weg-zudenken.[12] Aber auch Elemente von anderen Tieren finden sich unter den Drachendarstellungen, deren spektakulärste im vorderasiatischen Raum zweifellos am babylonischen Ishtartor prangt.

Ishtardrache, der babylonische Drache auf der Originalmauer Babylons.

Die Rekonstruktion des im ersten Jahrtausend vor unserer Zeitrechnung errichteten Tores ist heute im Berliner Pergamonmuseum zu bewundern. Der Drache, der dort als farbiges Mosaik aus glasierten Kacheln an der blauen Stadtmauer entlangstreift, lässt sich gut beschreiben: Das Haupt des schlangenartigen geschuppten Körpers ist einem mit Hörnern bewehrten Krokodilskopf entlehnt. Der Schwanz mündet in einen Skorpionstachel. Die Vorderfüße bilden kräftige Löwentatzen, die Hinterbeine laufen in den Krallen eines mächtigen Adlers aus. Nur Flügel sucht man vergeblich.

Eine wilde Mischung aus verschiedenen realen Tieren ist übrigens auch der ebenfalls flügellose chinesische Drache. Er vereint seit der Han-Zeit im 2. Jahrhundert nach Chr. die Attribute von neun verschiedenen Tieren: Hirsch, Kamel, Rind, Dämon (!), Schlange, Karpfen, Adler, Tiger und Seeungeheuer.

Die Entwicklung des chinesischen Drachen lässt sich relativ plausibel nachvollziehen. Die ersten Zeugnisse von Drachendarstellungen in China stammen etwa aus dem 4. Jahrtausend vor Chr. Vermutlich stehen sie hier in einem älteren totemistischen Zusammenhang und hatten unter anderem die Funktion von Schutzgottheiten im Rahmen einer Stammeskultur. Anfangs überwiegen Darstellungen von Totemtieren, wie Hirsche, Fische, Schlangen und andere, die sich beispielsweise eingraviert in Steinstelen finden. Im Laufe der Zeit und im Rahmen von Stammeszusammenschlüssen und Unterwerfungen, so die Theorie[12], wurden die verschiedenen Totemtiere miteinander vereint, bis schließlich der chinesische Drache etwa im 2. vorchristlichen Jahrtausend begann, seine bis heute gültige Gestalt zu entwickeln. Aus dem 2. Jahrtausend vor Chr. stammen schließlich auch die markanten sogenannten Jinwen-Formen des chinesischen Schriftzeichens ›Drache‹ (Shang- und Zhou-Zeit, 16. bis 11. Jahrhundert vor unserer Zeitrechnung), die den Schlangencharakter des mächtigen Wesens herausstellen.

Der kurze Ausflug in die chinesische Drachenkultur ist nicht zufällig unternommen worden; hier findet man eine Drachentradition, die von biblisch-christlichen Einflüssen weitgehend unberührt ist und somit bei

Chinesischer Drache im kaiserlichen Sommerpalast in Peking. Deutlich erkennbar ist der zusammengesetzte Leib und, dadurch ausgedrückt, der komplexe Charakter des Drachen.

der Suche nach der ursprünglichen vorderasiatischen Drachenkultur helfen kann. Und so kehren wir wieder zurück nach Vorderasien und gehen der Frage nach, ob sich auch hier eine totemistische Vorgeschichte des Drachen nachweisen lässt. Lange Zeit gab es für diese Möglichkeit keine wirklichen archäologischen Indizien. Lediglich die Darstellung des Ishtartor-Drachen in Babylon als aus verschiedenen realen Tieren zusammengesetztes Wesen deutet darauf hin. 1994 jedoch erkannte der Archäologe Klaus Schmidt die außergewöhnliche Bedeutung von Göbekli Tepe, nahe der Stadt Urfa im

Südosten der Türkei. Göbekli Tepe kannte man bereits seit Anfang der 1960er Jahre als archäologische Stätte. Dass es sich aber, wie Schmidt nahe legte, um eine der ersten monumentalen Kultstätten der Menschheit überhaupt handelt[13], ahnte damals niemand. Was die Archäologen dort ausgegraben und 2007/2008 als Vorabergebnis im Rahmen einer Ausstellung und mehrerer Publikationen der Öffentlichkeit präsentiert haben, ist nicht nur in Bezug auf die Kulturgeschichte des vorderasiatischen Drachen faszinierend. Die rund 12.000 Jahre alten Monumente entpuppten sich nämlich als gewaltige Kultanlage mit zahlreichen plastischen, reliefartigen und sehr realistischen Darstellungen von Tieren, mehr oder weniger abstrahierten Menschenfiguren und Mensch-Tier-Kombinationen.[14]

Da sieht man Füchse, Eber, Vögel, Tausendfüßler und Skorpione, krokodilähnliche Figuren und Raubtiere und immer wieder auch Schlangen. Nicht die mächtigen Schlangenmonster der späteren Chaoskampf-Zeiten, aber in großer Zahl und durchaus an prominenter Stelle. Der Ausgräber von Göbekli Tepe, Klaus Schmidt, warnt zu Recht davor, die zweifellos in religiös-kultischem Zusammenhang stehenden Bilder als Beginn einer mythologischen Tradition zu sehen, die in die Schöpfungsgeschichten der mesopotamischen Hochzivilisationen mündet[15]. Für eine solche Annahme fehlen nicht nur die archäologischen Bindeglieder zwischen Göbekli Tepe und beispielsweise der babylonischen Bilderwelt. Es ist auch sehr unrealistisch anzunehmen, dass die viel älteren Bilder der gerade sesshaft werdenden steinzeitlichen Jäger- und Sammlerkultur von Göbekli Tepe die gleichen

Geschichten erzählen und die gleichen Vorstellungen von der Welt vermitteln, wie die gleichen Bilder der bronzezeitlichen städtischen Hochzivilisation Babylon. Spätestens mit der Ausbildung einer Schrift und der damit verbundenen kultur- und herrschaftsspezifischen Dokumentation von Geschichte, Mythologie und Religion ist ein Traditionsbruch geradezu zwingend. Und dennoch gibt es Zusammenhänge, die eine Ableitung des Drachen aus der totemistischen Geisteswelt[16] rechtfertigen, die bis in die Jungsteinzeit zurückreichen. Und auch wenn wir diese Ursprünge kulturell kaum noch fassen können, die Babylonier haben uns mit dem Enûma elîsch und den zahlreichen Abbildungen von Göttern und Drachen scheinbar zuverlässige schriftliche Quellen über ihr kulturelles Verständnis des Drachen hinterlassen. Der Drache repräsentiert das Chaos und wurde von dem mächtigen, Ordnung schaffenden Gott Marduk besiegt. Daher, so interpretieren wir, stellt der Drache der Abbildungen auf Reliefs und Rollsiegeln das Symboltier Marduks dar, das an die kulturheroische Leistung des Gottes erinnern soll.

Eine andere Interpretationsmöglichkeit eröffnet der chinesische Drache. In China vermissen wir eine den orientalischen Schöpfungsmythen entsprechende vollständige Geschichte. Trotz allem aber gibt es in den bruchstückhaften Überlieferungen immer wieder ein vergleichbares Prinzip: das Schaffen von Ordnung aus dem Chaos. Das Chaos wiederum ist bekanntlich eng mit den Naturkräften verbunden, verkörpert durch den Drachen. Während aber in den orientalischen Kulturen die Drachen in der Regel getötet oder wenigstens besiegt werden, haben die chinesischen Drachen nach den Überlieferungen persönlich das Kaiserreich und die kosmische und staatliche Ordnung geschaffen. Schon in mythologischer Vorzeit treten uns die Drachengötter als kaiserliche Staatsbeamte entgegen. Der mythische Gottkaiser Huang Ti war beispielsweise ein leibhaftiger Drache von gelber Schuppenfärbung. Er machte das Land urbar und führte die Viehzucht ein, ein Kulturheroe wie der babylonische Gilgamesch oder eben auch Marduk. Nach chinesischer Vorstellung bewacht der Gelbe Drache den Himmel und von ihm hängt es ab, ob die Sonne scheint oder nicht. Er wacht über Wind und Regen und ist letztendlich für Gedeih und Verderb der Ernte zuständig. Die chinesische Drachenwelt ist staatlich organisiert, ein Abbild der menschlichen Welt. Drachen sind hier die Schöpfer und Garanten der Ordnung.[17] Die chinesische Kultur hat es damit geschafft, ohne nachweisbaren Drachenkampf das Chaos selbst als Ordnungskraft zu interpretieren. Ein Denkmodell auch für den orientalischen Drachen der Frühgeschichte? Unserem kulturellen Verständnis entspricht diese Interpretation sicher nicht. Aber das ist für das tatsächliche Wesen der orientalischen Hochkulturen genau so unmaßgeblich wie die Vorstellungen der gerade sesshaft werdenden Jäger- und Sammler von Göbekli Tepe, deren Bilder sie übernommen haben.

# Uranos missratene Kinder

Als erste Adresse zum Thema Drache scheinen sich die alten Griechen zunächst nicht wirklich zu empfehlen. Sicher, auch in der griechischen Sagenwelt wimmelt es nur so von Ungeheuern und merkwürdigen Mischwesen. Aber eindeutig für uns als Drachen erkennbare Monster scheinen dort eine eher untergeordnete Rolle zu spielen. Ladon war so ein Drache, der zwar – wie alle Ungeheuer der griechischen Mythologie – göttlichen Ursprungs, dessen Aufgabe jedoch sehr überschaubar war. Er hatte die ›goldenen Äpfel der Hesperiden‹ zu bewachen, eine Götterspeise, die für ewige Jugend sorgte.

Auf den ersten Blick scheinen die griechischen Drachen eine Art göttliche Wachschutztruppe gewesen zu sein. Der vom Lichtgott Apollon besiegte Drache Python beispielsweise wurde zum Wächter des eben die-

Herakles und der Drache Ladon, der sich um den Baum mit den Äpfeln der Hesperiden gewunden hat. Spätrömischer Reliefteller.

sem Gott geweihten Orakels von Delphi. Das ›Goldene Vlies‹, das der Held Jason zusammen mit seiner Geliebten, der Zauberin Medea raubte, wurde ebenfalls von einem Drachen beschützt. Und nicht zuletzt war es ein Drache, der dort, wo Kadmos die Stadt Theben gründete, eine Quelle bewachte. Dieser vergleichsweise harmlosen Drachengeneration stehen allerdings die Drachen und deren Abkömmlinge der ersten Generation gegenüber. Da tummeln sich in den mythischen Anfängen der Götterwelt zahllose erdgeborene Schlangenmonster geradezu kosmischen Kalibers. Die Titanen, halb Men-

Herakles und Iolaus kämpfen gegen die Lernäische Hydra. Attische schwarzfigurige Amphore, 540 bis 530 vor Chr.

schen- halb Schlangengestalt, seien hier genannt. Oder der schreckliche Typhon, mit Flügeln und 100 Drachen-köpfen und Schlangenbeinen. Nicht zu vergessen die gewaltige Hydra mit dem giftigen Atem und den neun, immer wieder nachwachsenden Köpfen.

Man denke auch an die schrecklichen schlangenhaa-rigen Gorgonen, deren tödlichste die sterbliche Medusa mit dem versteinernden Blick war.

Auch die griechische Mythologie kennt das schöp-ferische Urchaos, aus dem Erde (Gaia) und Himmel (Uranos) sowie die Unterwelt (Erebos) geboren wurden.

Uranos missratene Kinder

Aus deren Verbindungen wiederum sind die zahllosen Götter, Drachen und sonstigen Geschöpfe entstanden. Das zivilisatorisch so wichtige Prinzip der Ordnung jedoch scheint bei den alten Griechen nicht im Vordergrund zu stehen. Kein alles entscheidender Drachenkampf mit dem ein übermächtiger Gott das Chaos vernichtet, die zivilisatorische Ordnung schafft und Menschen und Göttern ihren Platz in der kosmischen Hierarchie zuweist. Kein Gut und Böse, dem die Götter, Monster und Helden der griechischen Mythologie eindeutig zugeordnet werden könnten. Und selbst in der ›Theogonie‹[18], dem Werk des Griechen Hesiod, in dessen Rahmen der Dichter im 7. Jahrhundert vor Chr. die Mythenwelt ordnete und eine Chronologie der Göttergeschlechter entwickelte, sind zerrüttete göttliche Familienverhältnisse die Regel. Dennoch findet auch bei den Griechen eine Art Sieg der Zivilisation über das chaotische Naturprinzip statt. Dabei werden im Laufe der mythologischen Überlieferungen und Überarbeitungen die unbeugsamen Ausgeburten des Chaos zunächst fein säuberlich an den Rand der Welt, in die Unterwelt oder in die Ozeane verbannt. Nur wenn sie sich nicht an die Grenzen ihrer Reservate halten und allzu lästig werden, weist ein Gott oder ein Halbgott die Monster in ihre Schranken. Eine wirkliche, dauerhafte körperliche Vernichtung ist dabei ursprünglich selten. Und dann ist da noch die Verwandlung der alten, mischgestaltigen Drachengottheiten in die strahlenden, menschengestaltigen Götter der klassischen Antike anzuführen. Wir kennen sie von den perfekten Marmorstatuen und Skulpturen der griechischen und römischen

Eine Kopie der berühmten Laokoon-Gruppe aus dem 2. Jahrhundert vor Chr., die heute in den Vatikanischen Museen steht.

Tempel oder den edlen Figuren der attischen Keramik, die die großen Museen dieser Welt füllen. Ihr enges Verhältnis zum Drachen, der in den mythologischen Darstellungen durch die Schlange verkörpert wird, können aber auch diese menschengestaltigen Götter und Göttinnen nicht verleugnen. Apollon, mit seinem Wächterdrachen Python wurde hier schon erwähnt. Und auch eine der ältesten Göttinnen, Athene, hat eine ausgesprochen drachige Vergangenheit. Athene ist zweifellos älter als die indoeuropäischen Griechen und viele ihrer Götter. Obwohl ihre Herkunft im Dunkeln liegt, wird einer ihrer Ursprünge in einer Schlangengöttin des minoischen Kreta vermutet, die dort bereits seit dem 2. vorchristlichen Jahrtausend verehrt wurde. Üblicherweise setzten die griechischen Götter zur Vertretung ihrer Interessen in der Welt der Sterblichen, Schlangen-Drachen ein, beispielsweise beim Kampf um Troja: Athene, so heißt es, habe Schlangen ausgeschickt, um den Priester Laokoon und seine Söhne zu verschlingen. Laokoon hatte die Trojaner nämlich vor der List des Odysseus mit dem Trojanischen Pferd gewarnt. Grund genug für die Aussendung des drachigen Killerkommandos der griechenfreundlichen Athene. An anderer Stelle fiel Laokoon allerdings den Schlangen des Apollon zum Opfer. Der trojanische Priester soll ausgerechnet in Apollons Tempel ein Schäferstündchen mit seiner Frau abgehalten haben.

Man sieht, trotz Hesiod, der Athene übrigens zur Tochter des mythologisch deutlich jüngeren Zeus gemacht hat, bleibt die griechische Mythologie chaotisch. Die Tatsache, dass so ziemlich jede Geschichte in mehreren Varianten überliefert ist, weist auf die Vielzahl der kulturellen Quellen hin, aus denen sich die griechische Götter- und Drachenwelt speist. Wenigstens drei Varianten der Sage vom Sieg des Zeus über den gewaltigen

Drachengott Typhon gibt es und sechs unterschiedliche Ausgaben der Phyton-Geschichte.

Und das ist auch kein Wunder: Denn genau so chaotisch und komplex wie die Mythenwelt erweisen sich auch die politisch-kulturellen Verhältnisse der östlichen Region des Mittelmeeres in den Jahrtausenden vor unserer Zeitrechnung. Als sich die ersten als Griechen bezeichneten Bevölkerungsgruppen im zweiten Jahrtausend vor Chr. auf der Halbinsel und im ägäischen Raum ansiedelten, da hatte die Region bereits eine lange Kulturgeschichte hinter sich. Nun kann an dieser Stelle die wissenschaftlich immer noch unklare Besiedlungsgeschichte der griechischen Frühzeit nicht einmal ansatzweise umrissen werden.[19] Fest steht aber, dass sich hinter den Namen Achäer, Aioler, Dorer oder Inonier Volksgruppen verbergen, deren Vorfahren im Rahmen der indoeuropäischen Wanderungsbewegungen auf die attische Halbinsel und den Peloponnes gekommen sind. Fest steht ebenfalls, dass es sich bei den Einwanderern nicht um Völker oder Stämme, sondern um kleine Gruppen von Hirtenkriegern gehandelt hatte. Nur selten geschah diese Besiedelung gewaltsam, so vermutet man allein angesichts der Zahlenverhältnisse zwischen bäuerlicher Vorbevölkerung und den kleinen Hirtengruppen. Die Zugereisten, entwickelten sich zur Führungselite von Gemeinschaften, die schließlich zu untereinander kulturell und sozial abgrenzbaren Stämmen auf dem griechischen Festland wurden. Die Herrschaftsbereiche der zahlreichen bronzezeitlichen Fürsten- und Kleinkönigtümer waren überschaubar. Jede der eingewanderten Führungseliten hatte ihre eigenen

Götter und Drachen mitgebracht. Diese wiederum verbanden sich mit den naturreligiösen Vorstellungen der Ursprungsbevölkerung. Und bereits vor der Ankunft der indoeuropäischen Einwanderer, aber auch nach der Etablierung der griechischen Völkerschaften, bestand ein reger kultureller und personeller Austausch – beispielsweise über das minoische Kreta aber auch Zypern – mit der orientalischen und ägyptischen Welt. Wenn sich also bei den griechischen Drachen eine große kulturelle Vielfalt ausmachen lässt, die scheinbar mühelos neben- und miteinander existieren konnte, so ist das kein Zufall. Denn ohne einen zentralistisch organisierten Großmachtanspruch kann der kulturelle Umgang mit Göttern und Drachen mit Migrationshintergrund eine gewisse Großzügigkeit aufweisen. Man arrangiert sich, man konkurriert auch miteinander, man entwickelt eine Arbeitsteilung. Es gibt für die Unsterblichen ohnehin immer genug zu tun. Schließlich muss man sich nicht nur mit olympischen Intrigen und Machtkämpfen auseinandersetzen, die letztendlich die sich ständig verändernden Kräfteverhältnisse zwischen alten und zugewanderten Eliten in der Welt der Sterblichen wiederspiegeln. Da gibt es auch noch die Unterwelt, ein Relikt unterschiedlichster Formen des Ahnenkultes. Hier bietet sich erhebliches Arbeitsplatzpotenzial für ausrangierte Parteigänger abgewählter göttlicher Eliten. Und natürlich kann man sich auch bestimmte – früher in einer Gottheit vereinte – Aufgaben teilen. Mythologisches Jobsharing als Arbeitsbeschaffungsmaßnahme für unbedeutend gewordene alte oder entmachtete Götter, die man in Form naturgewaltiger und auf bestimmte Fertigkeiten spezialisierte Drachen-Schlangen-Ungeheuer oder auch Dämonen getrost auf die Welt der Sterblichen loslassen kann. Auch in Griechenland haben die Mythen eine Legitimationsfunktion für die Herrschaft. In erster Linie aber sind sie identitätsstiftend für die jeweilige Gemeinschaft. Hier fehlt aus geographischen aber auch kulturgeschichtlichen Gründen der die ganze Welt umfassende Herrschaftsanspruch der vorderasiatischen Großreiche. Daher spielen die Drachen nicht nur als Wächter, sondern auch in ganz unterschiedlichen Ursprungsmythen eine wichtige Rolle. Drei Beispiele sollen die kulturelle Bandbreite der Drachenvorstellungen veranschaulichen.

Typhon, der geflügelte, drachenköpfige und schlangenbeinige Sturmgott war Sohn der Erde (Gaia) und der Unterwelt (Erebos). Bei Hesiod findet sich der Grund für die Existenz des Ungeheuers und man fühlt sich unwillkürlich an die Drachengeburten der babylonischen Tiâmat erinnert: »Aber nachdem die Titanen hinab vom Himmel gedrängt Zeus, brachte den jüngsten Sohn, den Tyfóeus, Gää die Riesin, durch des Tartaros Lieb‹, und die Huld der goldenen Kypris. Ihm sind Hände verliehn, die ein Werk vornehmen mit Nachdruck, rüstige Füße zugleich, dem gewaltigen; und von den Schultern wanden sich hundert Häupter des graunvoll schlängelnden Drachen, leckend mit finstern Zungen umher, und der gräßlichen Häupter.«[20]

Im Klartext: Die Urmutter Erde hat im Kampf gegen ihre aufmüpfigen Kinder, allen voran der Vatermörder und spätere griechische Obergott Zeus, die Titanen ins Feld geführt. Nachdem diese von Zeus vernichtend geschlagen und in die Unterwelt verbannt worden waren, schuf Urmutter Gaia mit dem fürchterlichen Typhon ein letztes Aufgebot. In einem Zweikampf besiegte Typhon zunächst den mächtigen, aber eben nicht allmächtigen Göttervater Zeus. Unsterblich waren die Götter und daher musste man sich immer etwas einfallen lassen, um die Macht des Gegners zu brechen. Typhon hat sich dafür entschieden, dem Zeus die Sehnen aus dem Leib zu schneiden und diese zu verstecken. Der dermaßen destabilisierte Göttervater war nun auf die Hilfe anderer angewiesen. Und tatsächlich hat schließlich Hermes die göttlichen Sehnen wiedergefunden und den obersten Olympier wieder zusammengebaut. Die zweite Runde des göttlichen Ringens zwischen Zeus als Vertreter der zivilisierten griechischen Götterwelt und Typhon als Repräsentant des urmütterlichen Chaos konnte der Göttervater für sich entscheiden. Nun musste die Macht des unsterblichen Typhon gebannt werden: Zeus entschied sich kurzerhand dafür, Sizilien samt Ätna über dem Ungeheuer aufzuhäufen. Eine Entscheidung, die die Bewohner Siziliens noch heute zu spüren bekommen, wenn Typhon versucht, sich aus seinem Gefängnis zu befreien. Der Sage nach ist Typhon übrigens in einer Höhle in Kleinasien geboren worden. Und tatsächlich finden sich in diesem Mythos klarer griechischer Prägung einige Elemente vorderasiatischer und sogar ägyptischer Traditionen.

Während der Typhon-Zeus-Konflikt entfernt an die göttlichen Drachenkämpfe der zivilisatorischen Schöpfungsmythologien erinnert, fällt die Kadmossage in die Kategorie der Gründungsmythologien.

Kadmos kämpft mit dem Drachen an der dem Ares geweihten Quelle. Seite eines rotfigurigen griechischen Wein-Wasser-Mischgefäßes (Krater), ca. 350 bis 340 vor Chr.

Auf der Suche nach seiner von Zeus entführten Schwester Europa gelangte ein gewisser Kadmos nach Griechenland. In der Sage wird Kadmos als phönizischer Adliger bezeichnet, also als Zugereister vorderasiatischer Herkunft mit guten kulturellen Verbindungen bis nach Ägypten. Kadmos konnte seine Schwester nicht finden und fragte das Orakel von Delphi um Rat. Dort erhielt er zwar keine Auskunft über seine Schwester, aber immerhin das Angebot, sich in Griechenland niederzulassen. Kadmos, so orakelte die delphische Seherin, solle einer Kuh folgen und dort, wo die sich niederlassen würde, eine Stadt gründen. Die Kuh ließ sich in der Nähe einer Quelle in der noch weitgehend unbesiedelten mittelgriechischen Landschaft Böotien nieder. Als Kadmos seine Begleiter aussandte, frisches Wasser zu holen, kam schließlich der Drache ins Spiel. Mit fast undurchdringlichem Schuppenpanzer, einem roten, geschwollenen Kamm und giftigem Atem hatte das mächtige schlangenartige Ungeheuer die Aufgabe, die Quelle zu bewachen. Und der Drache tat sein Bestes: Kadmos Begleiter jedenfalls fielen dem Quellenwächter zum Opfer und erst dem mächtigen Helden selbst gelang es, nach hartem Kampf, den Drachen zu töten. Und wieder erhielt Kadmos einen Tipp von den Einheimischen. Die Göttin Athene war es, die den Zugereisten anwies, die Zähne des Drachen auszusäen. Also pflügte Kadmos den Boden, säte die Zähne aus. Aus dem Boden wuchsen schwerbewaffnete Krieger, die sich gegenseitig so lange die Köpfe einschlugen, bis nur noch fünf von ihnen übrig geblieben waren. Die unterwarfen sich dem Kadmos und gemeinsam bauten sie das mächtige Theben.

Theben war das wohl wichtigste Palastzentrum der mykenischen Kultur, die das bronzezeitliche Griechenland vor allem zwischen 1400 und 1200 vor unserer Zeitrechung prägte. Die mykenische Phase darf durchaus als Ursprung der griechischen Kultur gesehen werden. Hier fand die Herausbildung der griechischen Sprache statt, auf diese Zeit bezieht sich die homerische Ilias, also der Kampf um Troja. Und in diese Zeit fallen die kretisch-minoischen Einflüsse auf das griechische Festland, aber auch der Untergang der minoischen Kultur.

Die Kadmossage beschreibt die Prozesse, die bei der Entstehung der mykenischen Kultur stattfanden. Kadmos repräsentiert hier die kretisch-minoischen und vorderasiatischen Einflüsse, die mit indoeuropäischen Hirtenkulturen und ansässigen bäuerlichen Gesellschaften sowie deren religiösen Vorstellungen, zur ersten griechischen Hochkultur verschmolzen. Der Drache, den Kadmos tötete und aus dessen Zähnen die Krieger wuchsen, hat übrigens eine Quelle der uralten Naturgottheit Ares bewacht. Zusammen mit seiner Schwester Athene gehörten Ares und sein Sohn, der über die Quelle wachende Drache, zu jenen Gottheiten, die die vorderasiatischen und indoeuropäischen Einwanderer bereits vorgefunden haben dürften, als sie Griechenland mit ihren eigenen Göttern erreichten.

Die Drachentötung und das Aussähen der Zähne sind kulturheroische Akte. Kadmos hat mit dem Quellendrachen des Ares die unberührte, chaotische Natur bezwungen und kultiviert. Schließlich heiratete er auch noch in die olympische Götterfamilie ein und vollendete damit die Integration der verschiedenen Kultur- und Götterwelten in eigener Person. In der kulturell vielschichtigen griechischen Gesellschaft hat aber alles seinen Preis. So muss Kadmos als Gegenleistung für die

Tötung des Drachen erst einmal dem Ares dienen, bevor er die Macht in Theben übernehmen kann. Und am Ende werden, so erzählen die Legenden, Kadmos und seine Frau von Ares in Schlangendrachen verwandelt.

Im dritten Beispiel bezwingt eine Frau den mächtigen Wächterdrachen des sagenhaften Goldenen Vlieses. Das Fell des göttlichen Widders aus einer älteren Sage hing am Baum eines heiligen Haines des Ares im antiken Kolchis am Schwarzen Meer. Und wie üblich bewachte ein Drache das heilige und selbstverständlich wertvolle Fell. Der griechische Held Jason erhielt den Auftrag das Goldene Vlies, das eigentlich dem König von Kolchis gehörte, zu stehlen. Jason machte sich also mit seinem Schiff Argo und seiner Mannschaft, den Argonauten, nach Kolchis auf. Obwohl Jason ein mächtiger Held und seine Mannschaft eine Ansammlung des Who is Who der griechischen Helden- und Halbgötterelite war, spielte sich der Diebstahl des goldenen Widderfells ohne Schlachten, Morden und Kampfgetöse ab. Ausgerechnet die zauberkundige Tochter des Königs von Kolchis, Medea, half nämlich dem mit der Aufgabe sichtlich überforderten Jason. Sie hatte sich in den griechischen Helden verliebt und den Drachen, der das Fell bewachte, mit ihren Zauberkräften eingeschläfert. Und so überlebte in dieser Sage der Drache.

Drachen und Ungeheuer waren ebenso wie die Götter ein fester, wichtiger und aktiver Bestandteil der mediterranen Welt griechischer Prägung. Die hoch mobilen griechischen Eliten waren als Händler, Räuber und Kolonisten ständig mit Religionen, Mythen, Götterwelten anderer Kulturen konfrontiert. Geistige

Beweglichkeit, ideologische Toleranz und Diplomatie waren dabei mehr noch als militärische Macht Grundlage des Erfolgs. Für eine eindimensionale Betrachtung des Drachen als ausschließlich bösartiges Ungeheuer war da kein Raum, zumal er die alten, vielschichtigen Gottheiten verkörperte. Auch eine gelegentlich schicksalhaft notwendige Drachentötung forderte einen Ausgleich in einer Welt, in der die Handlung Einzelner immer unvorhersehbare Auswirkungen auf das Ganze hat und damit auch wieder auf den Handelnden selbst zurückfällt.

Die Vielfalt und kulturellen Hintergründe der griechischen Drachenwelt, die uns durch schriftliche Quellen, die bis ins 8. vorchristliche Jahrhundert zurückreichen, recht gut bekannt ist, konnte hier nur in Ansätzen sichtbar gemacht werden. Von den schriftlosen antiken Kulturen wie die der Kelten oder Germanen fehlen uns diese schriftlichen ›Originalquellen‹. Die gesellschaftlichen Hintergründe dieser ›barbarischen‹ Welt ähneln der griechischen sehr. Hier wissen wir aus der Archäologie von zahlreichen Kultur- und Kultgemeinschaften mit ganz unterschiedlichen Migrationshintergründen, die unter Begriffen wie Kelten oder Germanen zusammengefasst werden. Auch hier liegt also eine vielfältige, in Bedeutung und Aussehen regional zersplitterte Drachenwelt nahe. Dass die Beschreibung dieser Vielfalt im folgenden Kapitel von untergeordneter Bedeutung ist, liegt nicht nur an der Quellenlage: Denn das Mittelalter bringt hinsichtlich der Drachenvorstellungen und -funktionen neue Aspekte in die Auseinandersetzung mit dem Fabelwesen.

# Leviathan, Fafnir und die mittelalterlichen Helden

»Wer schreibt, der bleibt«. Dieser beliebte Spruch ist bei jedem Skatturnier zu hören und gilt auch für die Kulturgeschichte. Und so hält sich hartnäckig die Vorstellung, dass die Römer den Drachen über die Alpen nach Nordwesteuropa gebracht haben. Tatsächlich taucht der Begriff Dracon in den barbarischen Gefilden diesseits der Alpen erstmals im Zusammenhang mit den Römern und ihren Feldzeichen auf. Wo dieser Begriff herkommt, und dass er beispielsweise mit den sarmatischen Hilfstruppen der Römer bis auf die britischen Inseln gelangt ist, wissen wir aus den schriftlichen Überlieferungen der Griechen und Römer. Über eine nordwesteuropäische Drachentradition vor den Römern wissen wir hingegen nahezu gar nichts. Denn weder die hier ansässigen bronzezeitlichen Kulturen, noch die Kelten oder Germanen, ja nicht einmal die ab dem 6. nachchristlichen Jahrhundert eingewanderten Slawen hatten eigene schriftliche Überlieferungen aus vorrömischer und vorchristlicher Zeit vorzuweisen. Erst im Hochmittelalter kristallisiert sich ein nordwesteuropäisches Drachenbild heraus, in dem sich heidnische, griechisch-römische und biblisch-vorderasiatische Drachenvorstellungen und -interpretationen vermischen. Um uns nicht in Spekulationen über die heidnischen Drachenvorstellungen der schriftlosen Kulturen unserer Breiten zu verlieren, müssen wir uns also mit den mittelalterlichen schriftlichen Quellen beschäftigen. Die Verfasser der Niederschriften über Sitten, Gebräuche, mythologische und religiöse Vorstellungen der schriftlosen Kulturen waren neben den antiken griechisch-römischen Geschichtsschreibern vor allem christliche Mönche. Da ging es beileibe nicht um den Erhalt der heidnischen Kultur für die Nachwelt[21], sondern vor allem darum, einen Gegner kennen zu lernen. Man darf den christlichen Mönchen gerade zu Beginn der schriftlichen Dokumentation immerhin die Absicht unterstellen, ein möglichst objektives Bild der heidnischen Vorstellungen und Mythen zu zeichnen. Das war schließlich die Voraussetzung für eine erfolgreiche Missionierung Nordwesteuropas, bei der es nicht in erster Linie um den Glauben ging. Das Kloster-, Kirchen- und Ritualsystem bildete den notwendigen Verwaltungsapparat für den Aufbau und den Machterhalt des ganz Mitteleuropa umfassenden fränkischen Reichsgebildes. Christliche Mönche konnten schreiben und lesen, Dokumente ausstellen, Besitzansprüche und Gesetze dokumentieren. Die Häuptlinge, Fürsten und

Könige konnten dies meist nicht. Für die Organisation eines großen Reiches waren allgemeingültige Gesetze und Normen und zu deren Durchsetzung flächendeckende Verwaltungsstrukturen notwendig. Die christliche Ideologie und die Institution Kirche als staatstragende Institution des untergegangenen weströmischen Reiches war hierfür bestens geeignet. Obendrein hatte sie ihren historischen und ideologischen Ursprung im frühgeschichtlichen Vorderasien der gewaltigen, zentral organisierten Großreiche. Hätte es die Institution christliche Kirche damals nicht schon gegeben, man hätte sie für die Entwicklung des ›zivilisierten‹ Europas mit Kaisertum und Heiligem Römischen Reich Deutscher Nation neu erfinden müssen.[22] Zum Zweck der Übernahme staatlicher Aufgaben und der Erweiterung des Herrschaftsbereiches hat sich die Kirche nicht nur im Frankenreich immer wieder neu erfunden. Die kirchlichen Rituale, die Feiertage und Symbole, die heiligen Stätten stehen nicht zufällig eng mit den heidnischen in Verbindung: Ostern, Weihnachten, Allerheiligen und vieles mehr, sind Ereignisse heidnischen Ursprungs, versehen mit heidnischen Symbolen, die im Sinne der christlichen Heilslehre und der Geschichte des christlichen Religionsstifters umgedeutet wurden. Konzessionen an die vielschichtigen religiösen Vorstellungen der unter der Kirche zusammengefassten Stämme, Völker und Kulturen prägten also die Rituale und inhaltliche Ausgestaltung des christlichen Glaubens. Vereinfacht wurde für die heidnische Wiedergeburt die christliche Auferstehung angeboten, für die naturreligiöse Vielgötterei ein ganzes Heer von

Heiligen. Die heidnischen Muttergottheiten fanden ihre Entsprechung in der Jungfrau Maria, der Muttergottes, und über den heidnischen heiligen Orten wurden christliche Kirchen, Kapellen und Klöster errichtet. Um all diese Anpassungen zu leisten und damit die neuen Herrschaftsstrukturen unter einer gemeinsamen christlichen Identität zu legitimieren, war die genaue Kenntnis der heidnischen Vorstellungs- und Lebenswelt der zu missionierenden Regionen geradezu zwingend. Leider sind die schriftlichen Überlieferungen der ersten nachrömischen Jahrhunderte verlorengegangen. Diese dürften die bis dahin mündlich überlieferten Mythen und Glaubenswelten der zahllosen keltischen und germanischen Gesellschaften am wenigsten verfälscht festgehalten haben. Nicht nur deshalb übrigens, weil die Verfasser den mündlichen Quellen zeitlich am nächsten standen. Oft genug waren es sogar ehemalige heidnische Priester, die, zum christlichen Glauben konvertiert, über ganz intime Kenntnisse zum Thema verfügten. Das, was uns jedoch heute an schriftlichen Quellen vorliegt, ist nach bereits erfolgreicher Christianisierung und Etablierung der Kirche in Nordwesteuropa entstanden und stark geprägt von christlichen Interpretationen und veränderten Interessenlagen des jeweiligen Verfassers. Das Drachenbild, das uns im Mittelalter begegnet, ist einigermaßen verwirrend: Da stehen sich beispielsweise in der Artuslegende der rote und der weiße Drache im Kampf um Britannien gegenüber. Der rote Drache verkörpert Artus und sein britannisches Volk, der weiße Drache repräsentiert die sächsischen Invasoren. Macht und Ansehen sind hier zentrale, eher symbolische Aspekte des Drachen, der in diesem Fall seine Ableitung von den römischen Feldzeichen kaum verleugnen kann. Wenn aber Artus Vater, Uther, in der gleichen Überlieferung als Pendragon, als personifizierter Drache bezeichnet wird, dann deutet dies auch auf eine andere kulturelle Tradition hin. In den inselkeltischen Sagen finden sich neben den kriegerischen Aspekten für uns recht merkwürdig anmutende totemistische Elemente und eine nur schwer zu entschlüsselnde Symbolsprache, wie das Beispiel vom legendären König Lludd von Britannien belegt[23].

Lludds Reich wurde eines Tages von drei Plagen heimgesucht. Eine davon ereignete sich jedes Jahr zum keltischen Sommeranfang, dem ›Beltaine‹. Ein fürchterlicher Schrei brachte nahezu jedes Leben auf der Insel zum Stillstand. Die Männer zitterten vor Angst, die Frauen erlitten Fehlgeburten, Kinder wurden wahnsinnig, das Vieh fiel tot um und die Gewässer wurden giftig. Daraufhin vermaß König Lludd das Land und ließ genau in der Mitte Britanniens, in Oxford, eine Grube ausheben. Er stellte ein Fass mit dem besten Met hinein und deckte dieses mit einem Seidentuch ab. Daraufhin erschienen zwei Drachen, die miteinander kämpften. Als Schweine sanken die Drachen schließlich erschöpft zu Boden, fielen in das Fass, tranken den Met und versanken in einen Tiefschlaf. Lludd wickelte die ›Drachenschweine‹ in das Seidentuch, packte sie in einen Sarkophag und brachte sie an den sichersten Ort seines Königreiches, den Berg Snowdon. Solange die Drachen an diesem Ort verbleiben, so sagt die Legende, würde die Insel nie wieder von einer Plage heimgesucht.

Auch bei den Kelten basierte die Gestalt des Drachen auf der Schlange, deren besondere Eigenschaften, wie beispielsweise die Fähigkeit, sich zu häuten, zu erneuern, dem naturreligiösen Verständnis der indoeuropäischen vorchristlichen Kulturen entsprach. Keltische Ornamente, auch in der mittelalterlichen Buchmalerei, zeigen ineinander verknotete Schlangenmotive, aber auch Schlangen mit Adlerköpfen und spitzen Schnäbeln oder hundeköpfige Monster mit zwei Beinen. Im modernen Drachen von Wales, dem seit 1953 auf der walisischen Nationalflagge verewigten roten Drachen, vereinen sich schließlich wesentliche traditionelle Elemente der keltisch-germanischen Drachenerscheinungen: der schlangenartige Körper, vier klauenbewehrte Beine, Fledermausflügel und spitzes, hakenförmiges Maul.

Ganz ähnlich dürfte auch der Drache des Beowulf-Epos ausgesehen haben, das im historischen Umfeld des 6. Jahrhunderts nach Chr. spielt und wahrscheinlich zum Ende des 1. Jahrtausends entstanden ist. Der dänische König Beowulf muss hier einen Drachenkampf bestehen, dessen Ursprung und Ausgang bemerkenswert sind: Ein Knecht hatte den riesigen Schatz eines schlafenden Drachen gefunden und eine kostbare Schale gestohlen. Als der Wurm erwachte, bemerkte er den Diebstahl und begann auf der Suche nach dem Räuber und seiner Beute das Königreich des greisen Königs Beowulf zu verwüsten. Glutspeiend flog er über das Land, versengte Höfe und Hallen. Bewaffnet mit einem eisernen Schild und elf Gefährten machte sich Beowulf auf, um sein Königreich vom wütenden Drachen zu befreien. Es war ein harter Kampf und ein Sieg, den Beowulf schließlich mit seinem Leben bezahlte. Am harten Panzer des schlangenartigen Wurms zerbrach sein Schwert; der Eisenschild hatte ihn kaum vor der Glut des feuerspeienden Drachen schützen können und als der greise König mit Hilfe eines Gefährten den Drachen in letzter Minute töten konnte, war er selbst bereits tödlich verwundet. Die Drachenbisse, starke Verbrennungen und das Gift, das aus dem Rachen des Ungetüms in die Wunden des Helden tropfte, töteten den König kurze Zeit nach seinem Sieg über das mächtige Ungeheuer.

Beowulf lässt mit seinem Drachenkampf die Nähe zur nordischen Götterdämmerung erahnen. Hier besiegt der mächtige Gott Thor die gewaltige Midgardschlange und erliegt dabei selbst ihrem giftigen Atem. Die weltumspannende Midgardschlange ist als Kind des ungeliebten Gottes Loki ein Mitglied der vielschichtigen nordischen Götterwelt, die sich wie die griechische aus mehreren aufeinanderfolgenden Einwanderungswellen zusammensetzt und ihre kulturellen Konflikte durch mythologisches Jobsharing bewältigt.

In der nordischen Sigurd- und der darauf basierenden germanisch-deutschen Siegfriedsage findet sich das Konzept des Drachen als Gestaltwandler und als Naturgottheit. Die hier als Schlachtvieh für strahlende Helden vorgeführten Drachen wie Fafnir hatten ihre Karriere als Menschen begonnen. Bösartigkeit, Neid und Gier ließ sie zu Drachen mutieren, so jedenfalls die politisch korrekte Darstellung in einer fundamentalistisch-christlichen Gesellschaft.

Aus seinem Erdloch heraus tötet Sigurd den Drachen Fafnir. Arthur Rackham 1901

Fafnir war ein Bruder des Zwerges Regin, der Sigurd zu einem zukünftigen König erzogen und ausgebildet hatte. Diese Zwergenfamilie zeichnete sich durch die Fähigkeit aus, sich in Tiere verwandeln zu können; Fafnirs und Regins Bruder Otr wurde beispielsweise ein Otter. Als Otter fiel er dem Gott Loki zum Opfer, der zusammen mit Odin einen Jagdausflug machte. Um den unbeabsichtigten Totschlag zu sühnen, musste Loki einen gewaltigen Goldschatz zusammentragen und der Familie aushändigen. Die wiederum zerstritt sich über diesen Schatz, Fafnir erschlug seinen Vater, verzog sich mit dem Gold in eine Höhle und mutierte dort zum Drachen. Um Regins Vater zu rächen, hob Sigurd auf einem Hauptwildwechsel des Wurms eine Grube aus, wartete darin bis Fafnir giftspeiend darüberwalzte und stieß dem Ungeheuer das Schwert in den weichen Bug. Im Sterben warnte der überhaupt nicht rachsüchtige Drache Sigurd vor dem Fluch des Goldschatzes und vor der Mordlust seines Bruders Regin. Und als Sigurd schließlich vom Saft des Drachenherzens kostete, da konnte er die Stimmen der Waldvögel verstehen.

Der germanisch-deutsche Nachfolger Sigurds, der Siegfried der Nibelungensage, erhält durch sein Bad im heißen Drachenblut einen undurchdringlichen Hornpanzer. Durch den vom Lindenblatt verursachten Produktionsfehler ist es jedoch eher eine Rüstung zweiter Wahl, die den Recken verwundbar machte.

Als Opfer christlicher Helden war der scheinbar bösartige Drache heidnischen Ursprungs in den mittelalterlichen Dichtungen gerne gesehen und fand auf diese Weise großen Anklang in der höfischen Kultur

›Die Hure Babylons‹ aus der Enzyklopädie ›Hortus Deliciarum‹, Mitte des 12. Jahrhunderts, zeigt die ›Thiere‹, die wir aus der Apokalypse des Johannes kennen.

und bei den Kirchenvertretern. So konnte der als des Teufels Verkörperung, als ›Alte Schlange‹, von der Kirche gnadenlos verfolgte und am Ende tatsächlich ausgerottete biblische Drache ausgerechnet in seiner heidnischen Form die harten Zeiten der kirchlichen Inquisition überstehen. Denn während die teuflischen Drachen in Form von Hexen, Ketzern, Katzen und allerlei anderen von ihnen besessenen Lebewesen in den Jahrhunderten der Inquisition erbarmungslos dem Scheiterhaufen überantwortet wurden, zierten sie als Repräsentanten von Kraft und Mut die Schilde und Wappen vieler Adelsgeschlechter.

Viele im Mittelalter gegründete Städte führen einen Drachen im Wappen, als Erinnerung an die heroische Drachentötung, die der Stadtgründung vorausgegangen war.[24] Hintergrund dieses heraldischen Drachenbooms war die christliche Legende vom heiligen Georg: eine blühende, heidnische Stadt wird von einem schrecklichen Drachen bedroht. Der fordert regelmäßig eine Jungfrau als Gegenleistung dafür, dass er Stadt, Felder und Vieh verschont. Als die letzte Jungfrau, die Tochter des Königs, die kurz zuvor zum Christentum übergetreten war, an der Reihe ist, erscheint Ritter Georg und befreit die Stadt von dem Drachen. Die Stadt und das dazugehörige Königreich werden christlich. Eine wunderbare Geschichte für das christliche Rittertum, konnte man doch unter Berufung auf das heilige Vorbild Kreuzzüge veranstalten, heidnische Gebiete unterwerfen, ja ganze Königreiche auf fremdem Boden im Namen der christlichen Sache errichten. Kaum ein Ort in Europa, der nicht seine eigene Georgslegende hat. Kein Wunder also, dass die Geschichten der mittelalterlichen ritterlichen Drachenkämpfe immer dem gleichen Muster folgten: der Ritter als Befreier vom Drachen, unerschrockener Hüter der Christenheit und Beschützer des Glaubens. Dieses Image schmeichelte dem gemeinen Ritter natürlich mehr als die Realität der Unterdrückung und Ausbeutung seiner christlichen Leibeigenen. Als der heilige Georg in den zahllosen Sagen noch persönlich ganz Europa nach hilfebedürftigen christlichen Jungfrauen durchstöberte, galt der Drache, der in den Sümpfen hauste und regelmäßig das Land verwüstete, noch als direkter Nachfahre des biblischen Urdrachen Leviathan. Die mittelalterlichen Ritter mussten sich schon mit einer abgespeckten Ausgabe des biblischen Ungeheuers begnügen. Und während in Kirchenkreisen die ideologischen Drachenkämpfe mit der Inquisition ihren Höhepunkt erreichten, prügelten sich die weltlichen Rittersleut mit den Nachfahren der Lindwürmer und sonstigen Ungetümen aus den germanisch-nordischen Heldensagen herum.

Für die römisch-katholische Kirche war der Drache Gegenstand ständiger Infragestellung ihrer Autorität. Und damit war gleichzeitig die Infragestellung der weltlichen Herrschaftsstrukturen insgesamt verbunden.[25] Der Drache galt ja nach der Offenbarung des Johannes als Verkörperung des Antichrists, des Teufels. Der Teufel wiederum war ursprünglich, folgt man dem Alten Testament, der mächtigste, dem Schöpfergott beinahe ebenbürtige Engel Luzifer, der von seinem Chef die offizielle Aufgabe erhalten hatte, die Aktivitäten des Allmächtigen immer wieder kritisch zu hinterfragen. Luzifer nahm seine Aufgabe offensichtlich zu ernst und wurde schlichtweg gefeuert. Als ›Alte Schlange‹, als drachengestaltiger Gegner Gottes, machte sich Luzifer selbständig und litt übrigens nicht gerade an Auftragsmangel. Christliche Gelehrte, die die Bibel als Grundlage des Glaubens ernst nahmen und intensiv studierten, glaubten nämlich herausgefunden zu haben, dass der alttestamentarische Gott Jachweh eigentlich der Böse und Luzifer der Gute war, dass Jesus die Menschheit vom Glauben an den falschen Gott abbringen und zum guten Gott hinführen wollte.[26] Jachweh war hier der Gott, der die Menschen aus persönlichem Machtbedürfnis von der Erkenntnis, der Erleuchtung fernhalten wollte. Luzifer hingegen galt als strahlender Gott der Erkenntnis, als Befreier der Menschheit aus der Abhängigkeit vom eindeutig bildungsfeindlichen Jachweh. Und diese Gelehrten fanden auch kulturgeschichtlich glaubwürdig heraus, dass Jachweh und Luzifer ursprünglich Drachengottheiten waren, symbolisiert und verkörpert durch Schlangen.[27] Es waren die sogenannten Gnostiker, jene Gelehrten, die, gestützt auf griechische Philosophien, die Dogmen der römischen Kirche, immer wieder unter Berufung auf die Texte der Bibel untergruben und zum Glauben an den wahren Gott aufriefen. Diese kirchlich-wissenschaftliche Auseinandersetzung zwischen den dogmatischen, ›staatstragenden‹ Parteigängern Jachwehs und den in ihrer Konsequenz ›herrschaftsfeindlichen‹ Teufels- beziehungsweise Drachenanbetern bildete den Hintergrund von Inquisition und Drachenverfolgung.

Jan Hus, ein christlicher Reformer aus Böhmen, wurde 1415 in Konstanz als Ketzer zum Feuertod verurteilt und verbrannt. Diebold Schilling der Ältere, Spiezer Chronik, 1485

Hinzu kam die Erwartung des Weltuntergangs mit dem jüngsten Gericht zur ersten nachchristlichen Jahrtausendwende.[28] Und zu den Zeichen dieses Weltuntergangs gehörte nach der Johannesoffenbarung, eben auch das Erscheinen des Alten Drachen, dem sich Kirche, Könige und Kaiser verpflichtet fühlten, mit allen Mitteln entgegenzutreten. Zwar blieb der Weltuntergang bis heute aus, aber rund vier mittelalterliche Jahrhunderte lang waren Weltuntergangszeichen, Drachensichtungen und Prozesse gegen die Anhänger des Drachengottes an der Tagesordnung. Nahezu jedes natürliche oder gesellschaftliche Unheil – Epedemien, Kriege, Brände oder Naturkatastrophen – wurde in Erwartung des Weltunterganges als apokalyptisches Zeichen mit Drachenbeteiligung gewertet.

So zogen zeitgenössischen Meldungen zufolge die geflügelten zweibeinigen Wyvern über den Himmel, und verbreiteten Pest und andere Seuchen über Europa. Wie Kometen jagten die feurigen Drachen durch die Nacht und setzten so manche Scheune, manches Dorf und manche Stadt in Brand. 1608 wurde Berichten des Naturforschers Edward Topsell zufolge Sankt Goar in Deutschland von einem Drachen heimgesucht, der Brände verursachte und in Neidenburg vergiftete ein Drache Brunnen. 1222 wurden in Zusammenhang mit Unwettern und schweren Überschwemmungen Drachen über London gesichtet.[29] Schlangenartige Drachen hausten in Gewässern und Sümpfen und forderten immer wieder Opfer unter der Landbevölkerung. Reisende waren auf ihren Wegen vor allem in unwegsamen Gegenden, auf Gebirgs-, Wald- und Passstraßen akut von in ihren Höhlen lauernden Drachen bedroht. Der feurige Tatzelwurm der Alpen ist ein Beispiel hierfür: bereits im Jahre 1085 wurde vermerkt, dass die Gegend um das heutige Bayrischzell eine wüste Einsamkeit, die Heimat wilder Tiere und ein Drachenlager war‹. Später wurde auch das Aussehen des Tatzelwurms beschrieben: »Das Untier hatte ein riesiges Maul, das, größer als das eines Krokodils, mit messerscharfen, spitzen Zähnen gespickt war. Aus seinen Nüstern drang Rauch und Feuer, und der Schuppenpanzer glänzte in allen Farben des Regenbogens. Sechs stämmige, kurze Beine trugen den sich nach allen Seiten windenden Körper. […] Seine alltägliche Nahrung waren allein dahin wandernde Pilger, die er zerfleischte und mit Haut und Haaren verschlang. Nicht der kleinste Knochen wurde von ihnen je wieder gefunden!«[30]

Dem in der Regel schreib- und leseunkundigen weltlichen Adel und erst recht dem gemeinen Volk blieben die wissenschaftlich-philosophischen Feinheiten der innerkirchlichen Glaubensauseinandersetzungen weitgehend verborgen und fremd. Für Adel und Volk waren die einfachen Geschichten nach dem Muster des heiligen Georg, die Bilder- und Skulpturensprache in den Kirchen maßgeblich. Denn die ließen keinen Zweifel aufkommen, wer der Gute und wer der Böse ist.

Bei der Vernichtung des Drachen als Verkörperung des Antichrists leistete die katholische Kirche zusammen mit ihrer Heiligenarmee von rund 60 Drachenbezwingern ganze Arbeit. Und so konnte der heidnische Ersatzgegner, der Drache der nordwesteuropäischen Tradition, ungestraft Einzug in die Welt der mittelalter-

Drachen, die den Bogen des Eingangsportals der romanischen Kirche St. Mary and St. David in Kilpeck, Herefordshire, England zieren. Die Bildhauerarbeiten entstanden etwa in der Mitte des 12. Jahrhunderts.

lichen höfischen Dichtung halten.[31] Solange der Drache nicht die kirchlichen und weltlichen Herrschaftsstrukturen gefährdete, durfte er sich selbst in den Zeiten der Inquisition in Literatur und Volksglauben ausbreiten. Und so nagte er genüsslich als Nidhöggr an der nordisch-germanischen Weltenesche, während der Gott Thor mit der Midgardschlange rang oder sich die vielköpfige antike Drachendame Hydra[32] durch die Eingeweide der Krokodile des Nils wühlte. Auch Marco Polo wusste in seinen Reiseberichten aus dem 13. Jahrhundert von Drachen zu erzählen, allerdings aus sehr fernen Ländern. In Indien, so berichtet er, bewachen Drachen reiche Diamantenvorkommen. Die Edelsteine, die in einem völlig unzugänglichen Tal wie Kieselsteine den Boden bedecken, wurden von den Menschen trotz der Schlangen-Drachenpopulation ausgebeutet. Man warf vom Rande des Tales Fleischbrocken auf den Boden, an denen die Diamanten festklebten. Und noch bevor die Drachen das Fleisch verschlingen konnten, stürzten sich riesige gierige Greifvögel auf die leckere Beute und trugen die Fleischstücke mit den anhaftenden Diamanten aus dem Tal. Nun mussten die Menschen nur noch gehörig Lärm machen, damit die Vögel ihre für die Menschen so wertvolle Beute vor Schreck fallen ließen.

Selbst dort, wo der venezianische Entdecker wie zum Beispiel in Südchina lediglich Schlangen und Reptilien beschreibt, bilden die mittelalterlichen Illustratoren der Reiseberichte mit großer Phantasie Drachen in verschiedenen Formen und Farben ab.[33]

Das indische Diamantental findet sich auch als Abenteuer Sindbad des Seefahrers in den Geschichten aus Tausendundeiner Nacht wieder. Wieder einmal nach einem Schiffbruch in eine scheinbar ausweglose Situation geraten, wird der Kaufmann aus Bagdad vom legendären Vogel Roch gerettet und ausgerechnet in einem Diamantental mit unzähligen baumlangen Schlangen abgesetzt. Auch hier werfen die Menschen Fleischbrocken in das Tal, um die Diamanten mit Hilfe des Vogels Roch zu ernten. Das Sindbad-Abenteuer ist wohl rund 200 Jahre älter, als Marco Polos Reisebericht. Und im christlichen Europa zur Zeit Marco Polos waren die Geschichten aus Tausendundeiner Nacht noch gar nicht bekannt. Die völlig unglaubwürdige Drachengeschichte macht daher im Nachhinein den Reisebericht des Venezianers glaubwürdig.

Aus den antiken Überlieferungen heraus wurde einigen Drachen im Mittelalter auch heilende Wirkung zugeschrieben. Der Enzyklopädist Conrad von Megenberg berichtet in seinem im 14. Jahrhundert erschienenen ›Buch der Natur‹ sinngemäß: ›Hydros heißt eine Wasserschlange, die häufig im Nil vorkommt. Wenn die Schlange am Ufer des Nils ein Krokodil mit offenem Rachen schlafen sieht, so gleitet sie, in schlüpfrigen Lehm gehüllt, in seinen Rachen. Das Krokodil verschluckt die Schlange, die sich durch seine Eingeweide frisst und lebendig wieder herausschlüpft.‹

Megenberg beruft sich bei dieser Geschichte auf den römischen Gelehrten Plinius den Älteren. Der hatte laut Megenberg in seiner ›Naturalis historia‹ behauptet, dass diese Schlange die schönste von allen sei und dass die Leber der Hydros als Arzneimittel gegen Schlangenbisse verwendet werde. Für die Kirche war die relativ positive Darstellung der Hydra keineswegs unproblematisch, zumal bereits im sogenannten ›Reiner Musterbuch‹, einer Bildersammlung aus dem 13. Jahrhundert, ein direkter Bezug zu Christus hergestellt wird und zwar mit den Worten: »Die Hydra durchdringt das Krokodil und weidet es aus. So geht auch Christus durch den Tod und entreißt ihm seine Beute«.[34] Diese merkwürdige Gleichsetzung der Hydra mit Christus blieb tatsächlich selbst in den Zeiten der Inquisition geduldet. Vielleicht lässt sich diese Tatsache darauf zurückführen, dass die Hydra hier weniger im religiösen als vielmehr im zoologischen Sinne beschrieben wird.

Aber nicht alle heidnischen Drachen kamen so glimpflich davon. Zwischen dem 5. und 9. Jahrhundert begannen sich die Slawen über das heutige Russland, später nach Sibirien und Zentralasien, nach Süden über den Balkan bis nach Makedonien und nach Westen bis weit über die Elbe auszubreiten. Damit gerieten sie geradezu zwangsläufig in Konflikt mit dem christlichen Frankenreich. Von den religiösen oder mythologischen Traditionen der Slawen ist kaum etwas überliefert, denn ihre Niederschriften entstanden erst im 9. und 10. Jahrhundert mit dem Christentum, das die heidnischen Bräuche bewusst ignoriert oder fehlinterpretiert hatte. Über kaum eine andere Mythologie wissen wir daher heute so wenig wie über die der Slawen.

Trotzdem, in Volksmärchen und vor allem in Volksepen slawischer Völker, die noch am ehesten den heidnischen Volksglauben repräsentieren, tauchen zahlreiche Drachen oder Schlangen auf. Die sogenannte feurige Schlange ist mit Feuer, Wasser und Bergen verbunden, die Grenzen zur jenseitigen Welt darstellen. Diese altslawische Gottheit scheint schamanistischen Charakter gehabt zu haben, also Teil einer sehr ursprünglichen, nicht nur indoeuropäischen Glaubenswelt gewesen zu sein: Diesseits und Jenseits waren keine absoluten Gegensätze. Seelenreisen und möglicherweise Wiedergeburtsvorstellungen scheinen die religiöse Welt der Slawen ebenso geprägt zu haben, wie die zahllosen Geister und Dämonen. Bekannt sind hier unter anderem die Werwölfe und Vampire und in serbischen und bosnischen Liedern sang man von Zmaj Ognjeni Vuk, dem feurigen Drachenwolf, einem despotischen Herrscher des späten 15. Jahrhunderts. Im vorchristlichen Russland galt der Blitzstrahl als Drache oder als Donnergott Perun.[35] Der Drache war in den Volksepen auch Frauenräuber und Wächter der Brücke aus Espenholz, die über den feurigen Fluss in die jenseitige Welt führt. All dies kein Grund zur Sorge für die christliche Kirche. Für den Umgang mit solchen naturreligiösen Vorstellungen hatte sie ja längst ihre bekannten und erfolgreichen Rezepte der christlichen Umdeutung heidnischer Rituale und Symbole entwickelt.

Der slawische Drache stellt in den überkommenen Volksmärchen nicht den Teufel, das Böse dar, sondern vielmehr ein durchaus auch Glück bringendes Wesen. Natürlich muss man sich das Glück im Sinne von Wohlstand verdienen, also eine Gegenleistung erbringen. Aber es gibt kaum Anzeichen dafür, dass man für den Reichtum, den der Drache beschert, seine Seele verkaufen muss: Nahrung für den Drachen wie beispielsweise der beliebte Hirsebrei reicht hier völlig aus. Es scheint, als existierte der heidnische slawische Drache in Form der Hausgeister, als ein harmloses Relikt der Ahnenverehrung, einfach neben dem offiziellen christlichen Glauben weiter.

Deutlicher wird die für das christliche Machtgefüge des Mittelalters gefährliche Rolle des slawischen Drachen an der volkstümlichen Vorstellung von den niederlausitzer Schlangen. In der nahe Berlin gelegenen sorbischen Spreewaldregion, glaubte man nämlich, dass in jedem Haus zwei Schlangen (Gospodar und Gosposa) wohnten, die allen Bewohnern Glück und Gesundheit brachten. Tatsächlich trat die Schlange immer als

Freund der armen und fleißigen Spreewaldbauern auf. Das Schlangenvolk hatte sogar einen König mit goldener Krone und umfangreichem Hofstaat. Wer diese Krone in seinen Besitz brachte, wurde reich. Diesen Umstand, so sagen die Legenden, machten sich vor allem die gierigen Junker zunutze, die immer wieder versuchten, die Schlangen ihrer Krone zu berauben, um ihren Reichtum zu mehren.[36] Interessanterweise bedeutet Gospodar ›Anführer der Zadruga‹, die südslawische Bezeichnung für die Großfamilie mit gemeinschaftlichem Landbesitz. Der slawische Drache war also nicht nur ein Wesen aus der mythologischen Vorstellungswelt, sondern er repräsentierte in Personalunion die Führungselite der slawischen Völker. Ihre Clanführer, die Helden und Halbgötter waren im Verständnis der Slawen leibhaftige Drachen, eine Vorstellung, die sich in den Legenden ganz Osteuropas wiederfindet.

So hatten die Kollegen des heiligen Georg gerade in Osteuropa im bildlichen Sinne eine Menge Drachen zu bezwingen: Der russische Held Dobrynia Nikititsch besiegte beispielsweise im Auftrag Wladimirs des Heiligen den dreiköpfigen Drachen ›Zmei Gorynytsch‹ und befreite auch gleich die obligatorische Jungfrau. Ob Dobrynia eine reale Person war, mag dahingestellt sein. Aber der russische Nationalheld ist die zentrale Figur eines Heldenepos, vergleichbar mit der Siegfriedsage. Im Epos dient Dobrynia als Bogatyr, also als Dienstmann der historischen Figur Wladimir des Heiligen. Der war 980 bis 1015 nach Chr. Großfürst der Kiewer Rus, also des mittelalterlichen Russland. Um Zugang zu den höchsten europäischen Herrscherkreisen zu erhalten, hatte Wladimir den byzantinischen Kaiser Basileus II. durch militärischen Druck zu einem Handel bewegen können. Wladimir und damit Russland würden christlich, wenn ihm Basileus seine Schwester Anna zur Frau geben würde. Basileus willigte ein und Wladimir ließ sich 987 nach Chr. taufen. 988 nach Chr. ließ er, so die Legende, die heidnischen Götzenbilder niederreißen und eine Massentaufe im Dnepr veranstalten. Auch wenn diese Christianisierung den Inhalt der eigentlichen Georgslegende auf den Kopf stellt, die Drachentötung durch Dobrynia, der auch gleich die gesamte Nachkommenschaft des ›Zmei Gorynytsch‹ ausrottete, darf als Sinnbild für die Christianisierung Russlands nach dem Vorbild St. Georgs begriffen werden. Dem Drachen die Köpfe abschlagen, das bedeutete nicht nur christliche Missionierung, das bezog sich im Laufe der Jahrhunderte auf so ziemlich jeden Gegner. So griff der heilige Georg bei den Kreuzzügen ein oder verteidigte die Interessen der christlichen Welt in vielen Schlachten gegen die Osmanen. Am Ende wurde er von der katholischen Kirche noch einmal als Streiter gegen die Reformation mobilisiert. Der Drache war im Rahmen dieser Entwicklung schließlich zu einem profanen Symbol für alles Böse und Verderbliche auf dieser Welt geworden. Damit hatte er nach und nach seinen ursprünglichen religiösen Charakter und seinen göttlichen Status verloren.

Als der Festkalender des Kirchenjahres zum Ende des 13. Jahrhunderts um Fronleichnam ergänzt wurde, war dies das Ergebnis der Vision einer Klosterfrau. Ab Mitte des 16. Jahrhunderts wurde Fronleichnam mit seinen prächtigen Prozessionen allerdings zu einem mächtigen Propagandainstrument im Kampf gegen die Reformation Martin Luthers. Es war kein Zufall, dass sich den Fronleichnamsprozessionen in jener Zeit St. Georgsveranstaltungen anschlossen. Sogenannte lebende Bilder stellten dabei die Drachentötung für das Volk dar. Bei den ›Drachenstichen‹ wurde ein ritualisiertes Schauspiel aufgeführt, zu dem der Dialog zwischen dem Ritter und der bedrohten Jungfrau und die Tötung von Drachenattrappen gehörten. Der Drachenstich von Furth im Wald hat hier seinen Ursprung[37] und ist heute ein jährlich wiederkehrendes touristisches Großereignis. Die europaweit stattfindenden St. Georgsveranstaltungen nahmen allerdings mit der Zeit so spektakuläre und volksfestartige Züge an, dass sie schließlich im 17. und 18. Jahrhundert von Kirche und weltlicher Obrigkeit aus unterschiedlichen Motiven verboten wurden. Für die Kirche erfüllten die zum Volksfest ›verkommenen‹ St. Georgsveranstaltungen nicht mehr ihren didaktischen Sinn und hielten das Volk zudem von der religiösen Andacht ab. Für die weltliche Obrigkeit waren die feucht-fröhlichen Veranstaltungen mit ihren häufigen Massenschlägereien schlichtweg Brutstätten des Unruhe stiftenden Pöbels und das aufgeklärte Bürgertum wertete die St. Georgsveranstaltungen, zu denen auch Prozessionsritte gehörten, als ›unziemlichen Pomp‹.

# Die Entdeckung der Welt und die Drachen der Neuzeit

Mit der beginnenden Neuzeit begann sich das Drachenbild in Europa wieder einmal völlig zu verändern. Die Entdeckung des Seewegs nach Indien und die Kolonialisierung der Neuen Welt leiteten einen Globalisierungsprozess ein, der auch den geistigen Horizont der Europäer gewaltig erweiterte. Seit der Steinzeit gab es so etwas wie weltweite Handelsbeziehungen. Europäische und arabische Reisende der Antike und des Mittelalters waren bis an die Grenzen ihrer Welt vorgestoßen. Die frühgeschichtlichen Kulturen und die antiken Großreiche, allen voran das römische, waren weltumfassend. Die Völkerwanderungen sorgten schließlich für einen kräftigen kulturellen Austausch zwischen Europa und Asien.[38] Diese Weltläufigkeit schlug sich, vor allem bei den jeweiligen Eliten, auch in Wissenschaft und

Bildung nieder. Mit dem Untergang des römischen Reiches und dem Beginn des als finster bezeichneten europäischen Mittelalters schienen zunächst auch die wissenschaftlichen und philosophischen Traditionen untergegangen zu sein. Tatsächlich sind das römische Reich und mit ihm die antike Wissenschaftskultur aber gar nicht untergegangen. Denn noch bevor Rom und sein westeuropäischer Herrschaftsbereich von den Barbaren endgültig erobert wurden, hatte sich mit Konstantinopel bereits die neue Hauptstadt des römischen Reiches etabliert. Unter der heutigen Bezeichnung Ostrom oder byzantinisches Reich führten die Kaiser von Konstantinopel die römische Tradition in ihrem noch für Jahrhunderte gewaltigen Herrschaftsbereich in Osteuropa, Vorderasien und dem Mittelmeerraum fort. Für die Zeitgenossen war Byzanz tatsächlich das alte Rom und so war der endgültige Untergang des römischen Reiches erst mit der Eroberung Konstantinopels durch die Türken im Jahre 1453 besiegelt. In Westeuropa begannen die Barbaren sich im Laufe des 10. Jahrhunderts, im Zuge der ostfränkischen Reichsbildung, die römische Sache auf ihre Fahnen zu schreiben. Die deutschen Kaiser sahen sich schließlich als Sachwalter der antiken römischen Tradition. Bereits im 12. Jahrhundert ist in Urkunden vom Heiligen Reich, im 13. Jahrhundert vom Heiligen Römischen Reich die Rede. Nach dem Fall Konstantinopels kam schließlich die Bezeichnung Heiliges Römisches Reich Deutscher Nation auf, ein anderes gab es nun nicht mehr. Von einer kontinuierlichen antiken römisch-hellenistischen Tradition war im alltäglichen westeuropäischen Mittelalter allerdings nur wenig zu spüren. Für die meisten Menschen dürfte sich diese Tradition im Gebrauch des Lateinischen durch Geistliche, Gelehrte oder Kaufleute erschöpft haben. Antike Schriften jedoch wurden auch in den Klöstern des Heiligen Römischen Reiches gesammelt und studiert. Das Ziel dieser Studien bestand hier jedoch weniger im wissenschaftlichen Erkenntnisgewinn, der für die antiken Gelehrten von so großer Bedeutung war: Vielmehr ging es um Methoden der Bibelinterpretation, der Festlegung und Verteidigung von Glaubenssätzen, der Ermittlung von Ketzerei im Rahmen der Inquisition und der Herrschaftssicherung. Dabei waren es weniger die Ketzer und Drachen, die die Herrschaft und den religiösen Alleinvertretungsanspruch der römisch-katholischen Kirche gefährdeten, sondern die Realität der Globalisierung. Bereits auf den Kreuzzügen ins heilige Land, wurden die meist ungebildeten westeuropäischen Ritter auf ihrem Weg über Byzanz mit dem konfrontiert, was Kultur in der Tradition des antiken Rom tatsächlich war. Und die emsigen Kaufleute Südeuropas, die Genuesen und Venezianer, mit ihren Verbindungen bis ins hochzivilisierte China wussten ebenso wie die damals wissenschaftlich führenden Araber, dass in der wirklichen Welt der drachengestaltige Antichrist noch das geringste Problem der Menschen darstellte. Auch das nordwesteuropäische städtische Bürgertum, also die Fernhandel treibenden Kaufleute und die städtischen Handwerker, sprengten lange vor der Entdeckung der Neuen Welt die geistigen Ketten des christlich-fundamentalistischen Mittelalters: Tatsächlich gehörten sie zu den gebildetsten Menschen ihrer Zeit. So umfasste die idealtypische Ausbildung eines Fernhandelskaufmanns der Hanse zum Ende des 14. Jahrhunderts in der Regel die Unterrichtsfächer Lesen, Schreiben, Rechnen, Latein und Kirchengesang.[39] Etwa sechs Jahre dauerte der Schulbesuch, der meist im Alter von sechs Jahren begann. Für weitere sechs Jahre schloss sich die Lehre an, auf die zwei Jahre Gesellenzeit folgten. Zur Lehre gehörten zahlreiche Auslandsaufenthalte. Die Kenntnis und der Umgang mit den Sitten, Gebräuchen und Gegebenheiten bei den Handelspartnern, das Erlernen der Sprachen und nicht zuletzt eine ausgiebige Warenkunde durch Ausbildung in Handwerksbetrieben waren für die spätere Tätigkeit als erfolgreicher Fernhandelskaufmann zwingend erforderlich. Diese Kaufleute waren, wenn auch sehr praxisorientiert, zweifellos Universalgelehrte, die durch ihre Auslandsreisen und persönlichen Kontakte Zugang zu Informationen hatten, die dem mittelalterlichen Menschen einschließlich der weltlichen Herrschaftseliten Westeuropas weitgehend verschlossen waren. Und während die Mönche in den Klöstern immer und immer wieder die gleichen Texte, vornehmlich aus der Bibel, abpinselten, waren in Bürgerkreisen vor allem Reiseberichte und alle Informationen über die wirkliche Welt gefragt. Parallel zum religiös-abergläubischen Mainstream hatte sich mit dem Humanismus also selbst im scheinbar so rückständigen Nordwesteuropa eine pragmatische, weltoffene und dem Menschen zugewandte Geisteshaltung entwickelt, die auf den Lehren der antiken Philosophen aufbaute.[40] Mit der Entdeckung der Neuen Welt und des Seewegs nach Indien waren Ende des 15. Jahrhunderts schließlich nicht nur die regionalen Grenzen der reisenden Kaufleute und Adeligen gefallen. Die immer neuen Entdeckungen, die direkte Konfrontation mit unbekannten Kulturen, führte zwangsläufig auch zum Durchbrechen der geistigen Schranken einer an die ›heimische Scholle‹ und Herrschaft gebundenen landwirtschaftlichen und ständisch organisierten mittelalterlichen Gesellschaftsstruktur.

Auch für den Drachen bedeutete diese Entwicklung eine gewisse Befreiung. Er gehörte nun nicht mehr als Verkörperung des Antichrists in erster Linie zur Gruppe religiös Verfolgter. Selbst vor den Rittern hatte er inzwischen weitestgehend Ruhe, seit sich die disziplinierten Söldnerheere mit ihren Feuerwaffen gegen die profilierungssüchtigen Drachentöter auf den Schlachtfeldern der Welt durchgesetzt hatten. Zwar waren Sagen und Legenden über Drachentötungen immer noch an der Tagesordnung, aber das waren eben nur Legenden. Der Reiz ritterlicher Drachenkämpfe war ohnehin vorbei, seit sich in den Sagen und übrigens auch in den St. Georgsschauspielen mehr und mehr auch Bürgerliche oder gar Bauern erfolgreich gegen Drachen durchsetzen konnten. Eigentlich war der alte, mächtige Drache mit Beginn der Neuzeit so ziemlich am Ende. Nun begann er das Tierreich zu erobern. Im 13. Jahrhundert hatte auch die katholische Kirche begonnen, an die antiken philosophischen Traditionen anzuknüpfen, allen voran der Gelehrte und Bischof Albertus Magnus. Bereits Plinius hatte ja im ersten nachchristlichen Jahrhundert mit der Hydra den Drachen zum Gegenstand zoologischer Betrachtungen gemacht. Und in die nun seit dem 14. Jahrhundert entstehenden Enzyklopädien und naturkundlichen Abhandlungen fanden, zunächst über die antiken Schriften, sowohl die Hydra als auch Drachen und andere Fabelwesen als leibhaftige biologische Wesen Eingang. Mitte des 18. Jahrhunderts konnte man in Zedlers Universallexikon noch folgende Drachenbeschreibung lesen, die auf deutlich ältere Quellen zurückgeht: »Lateinisch Draco, Französisch Dragon, ist eine ungeheure grosse Schlange, die sich in abgelegenen Wüsteneyen, Bergen und Stein=Klüfften aufzuhalten pfleget, und Menschen und Vieh grossen Schaden zufüget. Man findet ihrer vielerley Gestalten und Arten; denn etliche sind geflügelt, andere nicht; etliche haben zwey, andere vier Füsse, Kopff und Schwantz aber ist Schlangen=Art. Einige Naturkündiger halten davor, es sey eine unordentliche Missgeburt, welche durch Vermischung allerley Saamen von erwürgten Thieren, da ein jedes etwas von seinem Geschlechte an einem solchen scheußlichen Thier hervor bringet, gezeuget werde. Man glaubt auch, daß ein solcher Ort, wo sich Drachen aufhalten, reich von Golde, Silber und anderen Ertze sey, und dahero diese Thiere sich von denen gifftigen schwefflichten Dünsten nähren, und so selbst gifftig werden.«[41]

Diese Darstellung hat mit dem Alten Drachen der Bibel nun gar nichts mehr zu tun. Der Existenz des Drachen liegt hier eine, wenn auch recht abenteuerliche, so doch naturwissenschaftliche Erklärung zugrunde. Die geschilderten Eigenschaften des Drachen allerdings erinnern immer noch an die antiken und mittelalterlichen Sagen. Die Übernahme der sagenhaften Eigenschaften in die wissenschaftliche Dokumentation führte zu einer nachträglichen Tierwerdung des mythologischen Drachens. Ein neuer, weltlich-wissenschaftlich orientierter Mainstream hatte sich in Europa entwickelt und begann sich immer stärker durchzusetzen.

Nach seinem Abstieg aus der himmlischen Götterwelt, hatte sich der Drache also nicht nur in den Epen, Sagen, Legenden und Märchen niedergelassen, er war nun auch in der realen Welt angekommen. Seinen unaufhaltsamen Siegeszug, der ihn nahezu alle kulturellen Bereiche erobern ließ, hat er nicht zuletzt seinen Feinden zu verdanken. Die Drachenschlachten der Götter, Helden, Herren, Heiligen und Kirchenfürsten mussten dem gemeinen Volk ja bekannt gemacht werden, sollten sie ihren Sinn erfüllen. Und was eignete sich dafür besser, als die Bilder-Zeitung für die Masse der antiken, mittelalterlichen und neuzeitlichen Analphabeten. In den prächtig illustrierten handschriftlichen Evangelien, die in den Klosterstuben seit dem 8. Jahrhundert produziert wurden, wimmelt es nur so von Abbildungen drachigen Gewürms, das dem Betrachter auch ohne Schriftkenntnisse das gewaltige Bedrohungspotential, dem die Christenheit ständig ausgesetzt ist, vor Augen führt.[39] Apokalyptische Drachen und nicht zuletzt der Drachenkampf des heiligen Georg sind ein wichtiges Motiv der mittelalterlichen und neuzeitlichen Kulturschaffenden und fanden nicht nur als Gemälde oder ›Wandzeitungen‹ in Kirchen sondern auch als Drucke eine propagandistisch erfolgversprechende Verbreitung.

Und nicht zuletzt bevölkern die Drachen als Skulpturen, Schnitzereien oder Wasserspeier Fassaden und

Deckengemälde der Friedhofskirche in Wolframs-Eschenbach (1741): Diese Allegorie auf die Stärke des Glaubens stellt den heiligen Michael dar, der den siebenköpfigen Drachen, das Symbol Babylons, besiegt. Die lateinische Inschrift lautet übersetzt: Durch den Glauben siegten die Reiche.

Innenräume der Dome, Kathedralen und Kirchen. Die Botschaft: Der Drache ist allgegenwärtig und er ist ungemein mächtig und prächtig und vor allem natürlich Staatsfeind Nr. 1. Täglich und überall also führten die optischen Schlagzeilen der mittelalterlichen Bilderzeitung den Menschen die Notwendigkeit des Kampfes gegen den Drachenterror mit allem Mitteln buchstäblich vor Augen. Ohne diese propagandistische Dauerberieselung wäre der Drache wahrscheinlich weitestgehend aus dem Bewusstsein der Menschen verschwunden. Tat-

Perseus befreit Andromeda, ein Gemälde von Piero di Cosimo 1513. Hier hat der Maler das klassische mythologische Motiv als öffentliches Spektakel in die beginnende Neuzeit transferiert.

sächlich aber gibt es bis heute in weiten Kreisen unserer Gesellschaft trotz Aufklärung und Naturwissenschaften immer noch keinen Zweifel an der tatsächlichen Existenz dieses Wesens, egal in welcher Form.

Dass sich der Drache mit der beginnenden Neuzeit so schnell und gründlich als biologisches Wesen etablieren konnte, ist auf die kulturelle Gehirnwäsche des inquisitorischen christlichen Mittelalters zurückzuführen. Noch im 17. Jahrhundert vertraten führende Wissenschaftler wie der deutsche Jesuit und Gelehrte Athanasius Kircher[40] die Ansicht, dass es Drachen allein deshalb geben müsse, weil sie in der Bibel erwähnt werden und damit zur Schöpfung Gottes gehören. Und immerhin hatte ja der römische Naturbeobachter Plinius auch schon über Drachen berichtet. Diese Einstellung dürfte auch zu den zahlreichen Drachen- und Monsterbeschreibungen in den Reiseberichten der mittelalter- und neuzeitlichen Literatur geführt haben. Denn Drachen mussten aus obengenannten Gründen ja irgendwo existieren. Und in den heimischen Gefilden waren sie nun einmal nicht zu finden. Daher konnten Berichte von Reisen in unbekannte Gegenden der neu entdeckten Welt ohne die Sichtung und Beschreibung von Drachen kaum glaubwürdig sein. Drachen waren nun auch in verschiedener Hinsicht als Wirtschaftsfaktor nützlich geworden. Die Einführung der Druckerpresse durch Johannes Gutenberg Mitte des 15. Jahrhunderts verhalf nicht nur der Lutherbibel und theologischen Traktaten zu einer massiven Verbreitung. Die so beliebten Reiseberichte der mittelalterlichen Vergangenheit und der Neuzeit erreichten jetzt mit bis zu 200 Büchern und mehr für damalige Zeiten gewaltige Auflagen. Ebenso wie die Enzyklopädien fanden die Reiseberichte reißenden Absatz bei den gebildeten Ständen. Und für die ›aktuelle Berichterstattung‹ entwickelte sich nun auch die Bilder-Zeitung in Form der gedruckten Flugschriften und Flugblätter mit den Beschreibungen kurioser menschlicher und tierischer Lebewesen ferner Regionen. Der Phantasie der Bilder-Zeitungs-Illustratoren waren dabei kaum Grenzen gesetzt, je spektakulärer das Ereignis oder das ›Thier‹, desto besser fürs Geschäft. Im Laufe der folgenden Jahrhunderte, spielte der Drache beziehungsweise das Ungeheuer in den Medien ebenfalls eine nicht zu unterschätzende Rolle im Kampf um ferne Absatzmärkte, Gebietsansprüche und Handelsmonopole. Mit der Globalisierung, die den Europäern nun erlaubte, unter Ausschaltung des Zwischenhandels, direkte und hochprofitable Handelsbeziehungen in die entferntesten Ecken der Welt zu knüpfen, war auch so etwas wie ein Informationszeitalter angebrochen. Denn Informationen waren notwendig geworden, um sich möglichst genau auf Veränderungen der fernen Märkte, auf politische Ereignisse, Kriege und andere Dinge einzustellen. Schließlich bestimmten diese Faktoren zunehmend die Chancen und Risiken weltweiter Handelsgeschäfte im internationalen Wettbewerb. Und so entstanden Anfang des 17. Jahrhunderts aus den Flugblättern und Flugschriften die ersten Zeitungen, also periodisch erscheinende Druckwerke mit aktuellen Berichten aus aller Welt. Und immer wieder finden sich in den Publikationen auch Berichte von ›Augenzeugen‹ über Drachensichtungen, gerade dort, wo die lukrativsten Geschäfte zu erwarten waren. Seekarten wie die des schwedischen Erzbischofs Olaus Magnus Mitte des 16. Jahrhunderts gezeichnet, wimmelten nur so von Seeungeheuern, deren Bekanntestes, die Seeschlange, Eingang in die ›Thierbücher‹ noch des 18. Jahrhunderts fand.

›Mit schwarzen scharfen Schuppen und rotflammenden Augen erhebt sich das Untier aus dem Wasser und verschlingt die Menschen vom Deck der Schiffe‹, so die sinngemäße Zusammenfassung der Ausführungen des Olaus Magnus in seiner 1555 veröffentlichten ›Geschichte der nordischen Völker‹[44]. Bei solchen Handelsrisiken

Ausschnitt aus der Skandinavienkarte des Gelehrten Olaus Magnus von 1539: Neben der Seeschlange und anderen Seeungeheuern ist hier auch der Malström zu sehen, ein gewaltiger Wasserstrudel, der jedes Schiff, das in seine Nähe kommt, unweigerlich in die Tiefe zieht.

durften die Waren schon ein wenig mehr Profit abwerfen als unter gewöhnlichen Bedingungen. Und möglicherweise konnten solche Nachrichten ja Konkurrenten von den lukrativen Handelswegen fernhalten. Seit der Antike waren Monstermeldungen und Beschreibungen von nahezu unüberwindlichen Gefahren ein beliebtes Mittel, um unliebsamen Wettbewerb von vornherein aus der eigenen Interessensphäre fernzuhalten. Drachen und Seeschlangen waren hervorragend geeignet, um die Preise hochzutreiben oder wenigstens den Absatz der Flugschriften und Zeitungen zu fördern. Die wirtschaftliche und damit publizistische Bedeutung des Drachen fand allerdings ihre Grenzen in der Entdeckung und wissenschaftlichen Erforschung der Welt, die mit den großen Forschungs- und Entdeckungsreisen des 18. Jahrhunderts begann und spätestens am Ende des 19. Jahrhunderts, zumindest an Land, kaum noch Lebensraum für den Drachen übrig gelassen hatte.[45]

Aber der Drache ist nun einmal unsterblich. Und als 1825 der englische Arzt, Geologe und Paläontologe Gideon Algernon Mantell seine ›Notice on the Iguanodon, a Newly Discovered Fossil Reptile, from the Sandstone of Tilgate Forest, in Sussex‹ publizierte und anhand von Fossilien erstmals die Existenz von Sauriern in der Kreidezeit bewies, erhielten die Drachen als mögliche Urzeitwesen von naturwissenschaftlicher Seite neuen Auftrieb. Und mit dem Entstehen der Nationalstaaten im 18. und 19. Jahrhundert, der industriellen Revolution und den damit verbundenen gesellschaftlichen und politischen Umbrüchen, erlebte der Drache auch in kultureller Hinsicht eine wahre Renaissance.

## Der Drache im Spannungsfeld von Romantik und Wissenschaft – das lange 19. Jahrhundert

Das sogenannte lange 19. Jahrhundert, in dessen Zeitrahmen sich dieses Kapitel bewegt, reicht etwa von der französischen Revolution 1789 bis zum 1. Weltkrieg 1914 und bezeichnet vor allem die Epoche der revolutionären Veränderungen in allen gesellschaftlichen Bereichen.

Ausgerechnet in dem scheinbar aufgeklärten, vernünftigen, technisch-wissenschaftlichen Jahrhundert der industriellen Revolution schienen die Drachen wieder aus ihren Verstecken gekrochen zu sein und sich in ganz unterschiedlichen Erscheinungsformen in allen Bereichen der Gesellschaft breit gemacht zu haben. Antike, mittelalterliche und frühneuzeitliche Vorstellungen, wurden wieder aufgegriffen, den Bedürfnissen der modernen Zeit angepasst und in Verbindung mit den wissenschaftlich-technischen Fortschritten weiterentwickelt.

Die Paläontologie, also die Wissenschaft von den Lebewesen vergangener Erdzeitalter, war einer der Bereiche, in dem sich der offensichtlich beliebig wandlungsfähige Drache nun wieder in Erinnerung brachte. Die Verwandlung des Alten Drachen von einem aus verschiedenen bekannten Tieren zusammengesetzten Ungeheuer zum sauriergestaltigen Urzeitwesen resultierte zunächst aus einem ideologischen Datierungsproblem. Trotz enormer wissenschaftlicher Erkenntnisgewinne in allen Bereichen galt die biblische Schöpfungslehre und Zeitrechnung vielen Forschern und Gelehrten noch bis Mitte des 19. Jahrhunderts als verbindlich. Danach waren alle Lebewesen, einschließlich der anhand von Fossilienfunden immer genauer erforschten Saurier, gerade einmal ein paar tausend Jahre alt und vor allem Zeitgenossen der Menschen.[46] So identifizierte der englische Fossiliensammler Thomas Hawkins 1840 den langhalsigen und stromlinienförmigen Plesiosaurus mit seinen großen Flossen als alten biblischen Meeresdrachen oder den Flugsaurier Pterodaktylus als geflügelten Drachen des Mittelalters[47]. Als sich die Erkenntnis durchsetzte, dass die Saurier etwa 60 Millionen Jahre vor dem Auftauchen der Menschen bereits ausgestorben waren, verwarf man nicht etwa die Saurier-Drachentheorie, sondern bastelte schlichtweg eine neue. Irgendwo auf der Welt, in abgelegenen Gegenden, so stellte man sich vor, haben einige Exemplare der Saurier den recht plötzlichen Untergang ihrer Spezies überlebt. Somit, so die bestechende Logik, die sich bei vielen bis heute erhalten hat, könnten Menschen in grauer Vorzeit durchaus auf Saurier gestoßen sein und dieses Erlebnis in Form der mythischen Drachen verarbeitet und dokumentiert haben. Und vielleicht, so die Hoffnung der Paläontologen des ausgehenden 19. und beginnenden 20. Jahrhunderts, gibt es solche überlebenden Urzeitmonster ja heute noch.

Ausgehend von den USA, entwickelte sich ein Medienhype um die paläontologischen Ersatzdrachen. Magazine überschlugen sich mit aufwändig und recht romantisch illustrierten Berichten über die Welt der Urzeitechsen und Sauriersichtungen in fernen Ländern. In einer Zeit der rasanten Industrialisierung, des Kolonialismus und Imperialismus, der die ganze Welt erfasst hatte, war es gerade der romantische Tenor, das Phantastische, die ursprüngliche Natur als Gegenentwurf zur kalten, berechnenden kapitalistischen Welt, der die Urzeitwesen so populär machte. Genährt wurde diese Sehnsucht nach der Entdeckung verborgener, unberührter Welten auch durch die Beobachtung der Naturforscher, dass innerhalb weniger Jahrzehnte zahlreiche Großtierarten auszusterben drohten oder bereits ausgestorben, genaugenommen ausgerottet, worden waren. Tiergärten wurden eingerichtet, um vor allem den Stadtmenschen die vom Aussterben bedrohten Großtierarten zu zeigen. Und es wurden tatsächlich Expeditionen ausgerüstet, um diese Tiergärten mit Überlebenden aus der Urzeit zu ergänzen.[48] Skelette, Rekonstruktionen und Nachbildungen von Sauriern, Mammuts und anderem Urgetier in Originalgröße, einschließlich spektakulärer Fälschungen, begannen die

Die Werkstatt des Bildhauers Benjamin Waterhouse Hawkins um 1800: Hier fertigte er insgesamt 33 Saurierskulpturen für den Park des Crystal Palace in London.

Naturkundemuseen der Welt zu bevölkern.

Im Rahmen dieses naturkundlichen Ersatzdrachen-hypes fanden auch die Yetis, Werwölfe und andere fabelhafte Wesen Eingang in das Bewusstsein der Menschen. Mit der Suche nach letzten Überlebenden ausgestorbener oder bedrohter Tierarten war die Grundlage der Kryptozoologie gelegt, die sich in verschiedenen Strömungen bis heute großer Beliebtheit beim Publikum erfreut. Wie das Beispiel von Loch Ness[49] zeigt, haben Drachen und Ungeheuer eine unglaubliche Anpassungsfähigkeit an unterschiedlichste kulturelle Rahmenbedingungen. So lebten in den zahlreichen Lochs Irlands und Schottlands, den Quellen zufolge, bereits in Zeiten der ungeschriebenen Geschichte Wasserungeheuer von pferdeähnlicher Gestalt. Sie sind unter dem Namen Piast, Peiste, Paystha, Allipast, Ullfish oder Pferdeaal bekannt. So beschreibt beispielsweise das im 12. Jahrhundert in gälischer Sprache verfasste ›Buch über die schwarze Kuh‹ ein riesiges Piast. Es hauste im See von Slieve Mis in der Grafschaft Kerry und kroch immer mal wieder ans Ufer, um Jagd auf Menschen und Tiere zu machen. Selbst der gewaltige Held der irischen Mythologie Cuchulain ergriff einst vor diesem Ungeheuer die Flucht. Erst die irischen Heiligen nahmen seit dem 6. Jahrhundert den Kampf gegen die Ungeheuer in den Lochs auf. Der heilige Mochua von Balla beispielsweise besänftigte das Monster des Connaught-Sees. Die Heiligen Senanus und Kevin regelten die Angelegenheit mit den Piasts von Scattery und Glendalough. Und der heilige Patrick, dessen Spezialität ohnehin alles Kriechtier wie Schlangen und Echsen war, fing ein Ungeheuer im Süden Irlands und sperrte es – ähnlich wie einst der walisische König Lludd seine ›Schweinedrachen‹ – in ein Fass. Patrick war es übrigens auch, der Irland gänzlich von Schlangen und Reptilien befreit haben soll. Im Buch von Limore, einer irischen Handschrift aus dem 10. Jahrhundert, gibt es eine detaillierte Beschreibung eines Ungeheuers, die belegt, dass es sich nicht nur um pferde-, sondern vor allem auch um drachenähnliche Erscheinungen handelt. So soll dieses Ungeheuer vor allem erst einmal abscheulich wild und furcherregend gewesen sein. Das Vorderteil glich dem eines Pferdes, das allerdings Klauen besaß, Feuer spie und zudem mit Flossen wie ein Wal aufwarten konnte. Erst etwa ab Mitte des 19. Jahrhunderts wurden die Monster der irischen und schottischen Lochs vor dem Hintergrund der Suche nach paläontologischen Reservaten genauer unter die Lupe genommen. Denn die Lochs Irlands und Schottlands waren noch weitgehend unerforscht und als man die außerordentliche Tiefe der eiszeitlichen Gewässer feststellte, wurde die Theorie es handele sich bei ihnen um paläontologische Reservate auch hier mit Begeisterung, ja Fanatismus aufgenommen. Immerhin konnte man auf uralte Überlieferungen von Monstern zurückgreifen. Die Offiziere der britischen Fregatte ›Daedalus‹ berichteten 1848[50] von der Sichtung eines schlangenartigen Wasserungeheuers. Daraufhin entwickelte sich die Vorstellung, dass die noch unerforschten Tiefen der Ozeane von Plesiosauren wimmelten, den Meeressauriern, die Thomas Hawkins 1840 in ›The Book of the Great Sea-Dragons‹ als biblische Meeresdrachen identifiziert hatte. Mit der Anwesenheit der Forscher, die an den Ufern der Lochs auf das Erscheinen ›Nessies‹ lauerten, nahmen auch die Beobachtungen Einheimischer wieder zu. Aber die Beobachtungen veränderten sich: Anfangs ähnelten sie den großen und furchteinflößenden Seeschlangen, über die von Schiffsbesatzungen seit dem 17. Jahrhundert auf allen Meeren berichtet worden war. Später, mit den Fortschritten der Paläontologie nahmen die Nessi-Beschreibungen immer mehr die Gestalt eines Sauriers an. Und würde heute jemand behaupten, er hätte im Loch Ness ein Seepferd gesichtet, so wie es bereits vor rund 1500 Jahren beschrieben wurde, dann würde man ihn wohl als Spinner belächeln.

Die Vorstellung von paläontologischen Reservaten schlug sich selbstverständlich auch in der Literatur nieder. Beispielshaft sei hier Arthur Conan Doyles Roman ›The Lost World‹ von 1912 genannt.

Auch in Jules Vernes ›Reise zum Mittelpunkt der Erde‹ findet sich ein schönes Beispiel für die Vorstellung von paläontologischen Reservaten mit überlebenden Wesen aus der Saurierzeit. Diese Vorstellung, gepaart mit einem beinahe größenwahnsinnigen Glauben an die Ingenieurskunst seiner Zeit, findet sich in vielen Werken Vernes. Das Selbstverständnis der neuen wissenschaftlich-technischen Elite, das sich in dem Spruch ›Dem Ingenieur ist nichts zu schwör‹ ausdrückt, hatte die Bibel, unter deren Vorgaben die Welt zuvor betrachtet wurde, abgelöst. Ja man scheute sich nicht einmal davor, den Schöpfungen der Ingenieure die Namen der biblischen Ungeheuer zu verleihen. Leviathan beispielsweise, ein nach der Bibel von Gott zur Unterhaltung

Filmplakat: ›The Lost World‹ von 1925

seiner selbst geschaffener Meeresdrache[51], durchpflügte nun als eisernes Monsterschiff die Weiten der Meere. Mitte des 19. Jahrhunderts von Isambard Kingdom Brunel konstruiert, galt die ›Leviathan‹ als größtes und fortschrittlichstes Schiff der Welt; ein geradezu göttlicher Schöpfungsakt der Ingenieurskunst. Aufgrund einer Unglücksserie wurde das Schiff allerdings kurze Zeit später in Great Eastern umbenannt. Jules Vernes Roman ›Eine schwimmende Stadt‹ wurde übrigens von einer Reise des Schriftstellers auf der ›Great Eastern‹ inspiriert.

Leviathan und seine drachigen Kollegen aber lebten nicht nur in Form technologischer Großobjekte im Bewusstsein der Gesellschaft weiter. Auch als Symbol, als Umschreibung für Allmacht, für den neu aufgenommenen Kampf gegen die Natur und gegen Gottes Schöpfung und Ordnung, fand der Drache Eingang in die Literatur. Herman Melevilles Leviathan ›Moby Dick‹ repräsentiert dabei den vielschichtigen Zeitgeist des langen 19. Jahrhunderts ebenso wie das witzig-tiefgründige Gedicht Christian Morgensterns ›Andre Zeiten, andre Drachen‹[49] von 1895, nach dessen Überschrift dieses Buch betitelt ist: Von Phanta's Schloss, dem Schloss der Phantasie, schaut Morgenstern auf die reale Welt. Er wendet den Blick ab von den Landschaften, dem Himmel und den Sternen der Romantik, nur, um unten im Tal der wirklichen Welt eine goldgeschuppte Schlange zu erspähen. Bei genauerem Hinsehen entpuppt sich diese jedoch nicht als vetrauter Drache aus Sagen und Märchen, sondern als modernes, stählernes Ungeheuer, als Eisenbahn, als Bote einer neuen, vielversprechenden Zeit, der Zukunft. Morgenstern sieht und begrüßt das Revolutionäre in den gewaltigen und von vielen Menschen seiner Zeit als Bedrohung begriffenen industriellen Technologien. Indem er das Drachenbild bemüht, vergleicht er die gewaltigen Umbrüche seiner Zeit mit den großen zivilisatorischen Leistungen der Vergangenheit und stellt abschließend voller Optimismus fest, dass die zivilisatorischen Herausforderungen, die jede Epoche in sich barg, auch jene Menschen hervorbrachte und prägte, die diese Herausforderungen zu bewältigen in der Lage waren.

Das lange 19. Jahrhundert hat nicht nur technologische Höchstleistungen hervorgebracht, sondern auch eine geradezu unerschöpfliche Vielfalt an gesellschaftlichen, philosophischen und künstlerischen Konzepten, Strömungen und Bewegungen. Die Begriffe und Namen, die mit dem langen 19. Jahrhundert verbunden werden, lassen sich kaum in eine nachvollziehbare Systematik bringen. Mit der französischen Revolution wurde zugleich die moderne Staatenbildung in Europa eingeleitet. Die absolutistische Welt, zu der der englische Mathematiker und Philosoph Thomas Hobbes mit seiner 1651 erschienenen staatstheoretischen Schrift ›Leviathan oder Stoff, Form und Gewalt eines kirchlichen und bürgerlichen Staates‹ noch die ideologische Grundlage geliefert hatte, war längst in Auflösung begriffen.

Für die Herausforderungen der sich in ständiger Bewegung und Veränderung befindlichen gesellschaftlichen Strukturen mussten nun neue Staats- und Organisationsformen erdacht und philosophisch-theoretisch

Titelblatt des von Thomas Hobbes 1651 publizierten ›Leviathan‹

abgeleitet werden. Ausgerechnet Hobbes ›Leviathan‹ war dabei die wesentliche staatstheoretische Grundlage, an der sich die Geister mit ganz unterschiedlichen Ergebnissen orientierten. Der Alte Drache hatte sich seinen Platz nun in den Staatstheorien des 19. Jahrhunderts gesichert und damit in neuer, moderner Form an seine ideologische Funktion im frühgeschichtlichen Babylon angeknüpft. Für die Zeitgenossen war die Welt zweifellos im Chaos versunken. Nicht nur dass, wie Morgenstern so schön beschreibt, die Postkutsche, der »humpelnde gelbe Drache« durch die alles erobernde Eisenbahn, den pfeifenden »Feuerwurm« ersetzt worden war, alles veränderte sich ständig, beunruhigte, machte Angst, überforderte viele. Alte Wertvorstellungen wurden ebenso wie die Technologien durch neue ersetzt, traditionelle Fähigkeiten verloren ihren Wert und ihre Meister mit ihnen. Jegliche Sicherheit, jegliche Geborgenheit, jegliche Orientierungsmöglichkeit schien sich in Nichts aufzulösen. Die alten Strukturen funktionierten nicht mehr und da der revolutionäre gesellschaftliche Prozess noch nicht abgeschlossen war, boten auch die neuen Staats- und Organisationsformen für viele Menschen nur wenig emotionale und geistige Stabilität. Chaos: für Drachen seit ihrer Geburt als vorderasiatische Schöpfergottheiten nach dem Vorbild der babylonischen Tiâmat ein geradezu paradiesischer Zustand. Ob von den Fortschrittsgläubigen als ›goldgeschuppter Feuerwurm‹ verehrt oder als funkensprühendes Ungeheuer von den verängstigten Zeitgenossen gefürchtet, der Drache als Sinnbild, als Modell, für ansonsten kaum begreifbare kulturgeschichtliche Prozesse hatte

Hochkonjunktur. Es ist kein Zufall, dass das vielfältige Wirken der Brüder Grimm in jener Zeit auf so fruchtbaren Boden fiel. Ihre Beschäftigung mit der deutschen Sprache, mit der deutschen Literatur und mit den Märchen passte gut zu den romantischen Strömungen ihrer Zeit. Die Vergangenheit mit ihren Märchen, Sagen und Heldenliedern, mit ihren klaren Aussagen und festen Regeln bot eine hervorragende geistige Rückzugsmöglichkeit aus dem realen Chaos. In den Märchen, da gab es Gerechtigkeit, da gab es Happy Ends, das Gute setzte sich gegen das Böse durch und es gab immer einen Beschützer der Armen und Entwurzelten. Und während sich der gierige Drache der Technik und des Kapitalismus in der Wirklichkeit unerbittlich in und durch die Natur auch des Menschen fraß, wurde er in den Märchen und Sagen regelmäßig von tapferen oder wenigstens listigen Helden überwunden und musste für seine Untaten büßen. Sehnsucht nach einer heilen Welt machte sich breit und eine ganze Literaturbranche blühte auf, die diese Sehnsucht befriedigte. Die alten, mündlich tradierten Geschichten wurden schriftlich dokumentiert und dabei dem Zeitgeist angepasst. Die romantischen Kunstmärchen mit ihrer Verklärung des Mittelalters folgten. Aus der hochmittelalterlichen Unterhaltungslektüre, den Heldenepen wie beispielsweise der ›Nibelungensage‹ wurden tiefgründige, teils sozialkritische, teils patriotisch-nationalistische Theaterstücke und Opern.[53] Und auf der Suche nach den kulturellen Ursprüngen und der deutschen Identität wurde man sogar bei den römischen Geschichtsschreibern fündig. Mit Arminius dem Cherusker, der nach na-

Heroische Darstellung eines unbekannten Künstlers von Siegfrieds Drachenkampf, 1914: Dieses Bild war die Grundlage des Spiegel-Titels vom 28.06.1999 (siehe Bild S. 113).

tionalistischer Schreibweise die übermächtigen Römer aus dem barbarischen Germanien vertrieben hatte, war der Gründungsmythos der deutschen Nation geboren. Vereint mit der Figur des Siegfrieds und einem Schuss heiligen Georg mutierte Arminius zum idealtypischen germanischen Hermann, der seine damals massiven kulturellen und nationalen Minderwertigkeitsgefühle nicht zuletzt im Krieg von 1870/71 gegen den ›französischen Drachen‹ ausleben durfte.[54]

Die Darstellung preußischer Könige als Drachentöter Michael oder Georg, natürlich in germanisch-heroischer Ausführung, kam in der ersten Hälfte des 19. Jahrhunderts in Mode. Das von August Kiss geschaffene Reiterstandbild des heiligen Georg, das heute das Berliner Nikolaiviertel ziert, stellt bildhaft die Niederschlagung der 1848er Revolution in Berlin dar. Ebenfalls als Erinnerung an die Niederschlagung des mit der 1848er Revolution in Zusammenhang stehenden Badischen Aufstandes hatte der gleiche Bildhauer eine Skulptur des heiligen Michael geschaffen, die im Schlosspark Babelsberg bei Potsdam zu finden ist. Der Drache verkörpert hier das gegen die Obrigkeit rebellierende Bürgertum.

Das Bemühen des biblischen Motivs des Drachenkampfes als Bildnis für die Auseinandersetzung zwischen Monarchie und Bürgertum dokumentiert die Dimensionen der Umbrüche des 19. Jahrhunderts: Das Volk erscheint als nahezu ebenbürtiger Herausforderer der von Gott legitimierten Herrschaft des Landesherrn. Auch im 19. Jahrhundert war also der Drache das, was er schon immer gewesen war: politisch.

Das St. Georgs-Denkmal von August Kiss (1855) stand ursprünglich im Hof des Berliner Stadtschlosses: heute Nikolaiviertel, Berlin-Mitte.

Dieses Propagandaplakat von 1918 zeigt den russischen Revolutionär Leo Trotzki als heiligen Georg bei der Niederschlagung der bürgerlichen Konterrevolution.

Aus der romantischen Strömung heraus hatten sich die Drachen auch im sogenannten Symbolismus ausgebreitet. Opulente Gemälde und Grafiken waren entstanden, die das alte Thema des Drachenkampfes wieder aufgriffen, unter anderem als Illustrationen für die nahezu unerschöpfliche romantische Literatur. Und wem die historischen Drachenkämpfe bislang als die unerbittliche Auseinandersetzung zwischen Gut und Böse, Gotteskrieger und Teufelsbrut galten, der wird von den symbolistischen Künstlern eines Besseren belehrt. Natürlich, in Anlehnung an die antiken und mittelalterlichen Vorbilder bleibt der Drache ein bösartiges Ungeheuer. Im Mittelpunkt der romantischen Drachenkämpfe aber standen nun die zu rettenden, grundsätzlich völlig unbekleideten, vorzugsweise an Felsen angeketteten jungen Frauen mit perfekten, sinnlichen Körpern. Die Bilder deuten an, dass die Damen nur darauf warten, von ihrem Helden befreit und möglichst auch gefreit zu werden.[55] Und die diesbezüglichen Absichten der Helden, die nach erfolgreicher Entfesselung der erwartungsvollen Jungfrau den Drachen auch schon einmal ungeschoren davonkommen lassen, können ebenfalls aus den Gemälden herausgelesen werden.

Individuelle Leidenschaft und Sehnsucht, statt aufopferungsvoller Verteidigung des Christentums oder des Vaterlandes zeichnet die romantische Drachenkunst des 19. Jahrhunderts aus. Ein klarer Gegenentwurf zur Rationalität der Ingenieure und Naturwissenschaftler und auch zu deren biologisch orientierten Drachenvorstellungen. Und noch ein anderer Aspekt wird an

Perseus befreit Andromeda. Öl auf Leinwand von Sir Edward Burne-Jones, 1888, Staatsgalerie Stuttgart

diesen Kunstwerken deutlich: das besondere Verhältnis zur Sexualität in dieser Epoche. Denn natürlich stand auch das Verhältnis der Geschlechter zueinander in der Zeit des grundlegenden gesellschaftlichen Wandels zur Debatte und vor allem im Spannungsfeld zwischen individueller Freiheit und kollektivistischer Unterordnung unter die Bedürfnisse der Industrie und der Nation. Der Mensch des 19. Jahrhunderts lebte in einer Zeit, in der moralische, ideologische und strukturelle Konflikte das tägliche Leben bestimmten, eine Situation, die psychischen Störungen durchaus förderlich war. Wann sonst also, wenn nicht eben in jener Zeit, sollte ein Siegmund Freud seine psychoanalytischen Theorien und Konzepte entwickeln. Auch in der Psychoanalyse durfte der Drache natürlich nicht fehlen. Als Jungfrauen verschlingendes Ungeheuer repräsentierte er beispielsweise die väterliche Konkurrenz bei der unterstellten sexuellen Begierde des Sohnes nach seiner Mutter. Um seine eigene Sexualität zu entwickeln, muss der Sohn den Drachen als Symbol des Vaters überwinden. Eine Entsprechung gibt es auch für die Frauen. Hier steht der Drache als Archetypus für die Mutter. Natürlich ist ein Buch über die Kulturgeschichte des Drachen kein psychoanalytisches Traktat und die vorangegangenen Ausführungen stellen nur eine sehr grobe Vereinfachung dar. Entscheidend für unsere Betrachtung ist der Drache in der Psychoanalyse nur deshalb, weil sich hier ein weiterer, nicht unwichtiger Strang entwickelte, der zum heutigen Drachenbild beigetragen hat. Denn nachdem sich seit der Antike Philosophen und Wissenschaftler mit dem Phänomen Drache beschäftigt und immer neue Erklärungsansätze für seine Existenz gefunden haben, ist nun auch die Psychoanalyse mit ihrer Archetypustheorie unter die Drachenforscher gegangen. Archetypen sind nach ihrem ›Entdecker‹ Carl Gustav Jung[56] Urbilder, die im Unterbewusstsein aller Menschen, unabhängig von ihrer Geschichte und Kultur verankert sind, und sich in verschiedenen Symbolen wie beispielsweise dem Drachen äußern können. Zu den Ausdrucksformen dieser archetypischen Grundprogrammierung der menschlichen Seele gehören neben den Träumen auch die Mythologien. Dies sei auch der Grund, so die Theorie des Zeitgenossen und Schülers Siegmund Freuds, weshalb sich die Mythen und Legenden und damit auch die Drachenvorstellungen aller Kulturen so ähneln. Die tiefenpsychologische Drachenanalyse scheint auf den ersten Blick für eine kulturgeschichtliche Betrachtung des Drachen nicht gerade hilfreich. Aber sie ist Teil einer bis heute andauernden Strömung, die die Konflikte der Wirklichkeit aus den Tiefen der menschlichen Psyche und einer mystischen, spirituellen Welt heraus zu bewältigen versucht. Damit ist auch der tiefenpsychologische Drache ein kulturgeschichtliches Phänomen.

Unter dem Begriff Esoterik entwickelten sich seit der ersten Hälfte des 19. Jahrhunderts ganz verschiedene Strömungen mystischer und spiritueller ›Geheimlehren‹. Denn für viele Mitglieder der neuen kapitalistisch-liberalen Elite und freidenkende Künstler, erwies sich die traditionelle christliche Religion als eng und unbeweglich, als geistiges Hindernis für den gesellschaftlichen Fortschritt. Die aus dem Humanismus und der

Aufklärung hervorgegangenen Logen und Orden unterschiedlicher Ausprägung erlebten einen Boom. Als Beispiele seien hier nur die Freimaurer, der Ancient Order of Druids, oder die Rosenkreuzer genannt. Zu den Mitgliedern der freidenkerischen Bünde gehörten Künstler wie Caspar David Friedrich und Heinrich Heine, der Chemiker Martin Heinrich Klaproth, Admiral Lord Nelson, der Kaufmann und Archäologe Heinrich Schliemann oder Industrielle wie der Kasseler Lokomotivfabrikant Carl Georg Christian Henschel.

Auf der Suche nach neuen philosophisch-religiösen Konzepten wurden, vergleichbar mit den geografischen Entdeckungsreisen, die weißen Flecken auf der spirituellen Landkarte erforscht. Dazu leisteten auch die griechischen Philosophen der Antike ihren Beitrag.[57] Für die fortschrittsgläubigen Vertreter der Vernunft wurde die wiederentdeckte klassische Antike mit ihren klaren sachlichen Formen, den naturwissenschaftlichen Erkenntnissen und der philosophischen Wahrheitssuche geradezu zum Vorbild bürgerlicher Bildung und Kultur. Die romantische Fraktion der bürgerlichen Bildungselite fand neue spirituelle Impulse bei Mystikern und Alchemisten aus dem Mittelalter und der frühen Neuzeit sowie bei christlicher Mystik und im Okkultismus. Nicht zuletzt bediente man sich bei der Konzeption alternativer Weltanschauungen asiatischer Religionen wie dem Buddhismus oder Hinduismus[58], die sogar in die ›Schöpfungsmythologien‹ moderner Druidenorden Eingang fanden. Dass sich die Esoterik vor dem Hintergrund dieser zahlreichen Quellen bis heute nicht gerade sehr einheitlich präsentiert, versteht sich von selbst. Allen esoterischen Strömungen und Lehren ist aber gemeinsam, dass sie sich mit dem Unfassbaren, dem universell Göttlichen, dem modernen, naturwissenschaftlichen Verständnis nicht Zugänglichem befassen. Der Drache ist in diesen Lehren als Träger von Energie und elementaren Kräften, als persönlicher Schutz, als Kraftquelle und vieles mehr vertreten. Konsequenterweise ist der Drache mit dieser weltumfassenden, spirituellen und energetischen Betrachtung von seiner ein wenig eintönigen christlichen Aufgabe als Bösewicht, Gegner Gottes und Mordopfer befreit worden. Allerdings hatte man ihn im Gegenzug nun aus der Kulturgeschichte herausgelöst und in die Tiefen der menschlichen Spiritualität verbannt.

## Der Alte Drache in der modernen Welt

In den Tiefen der menschlichen Spiritualität irrt der esoterische Drache noch heute herum. Sogar mehr denn je. Denn die Esoterik ist nicht nur eine weit verbreitete Geisteshaltung, sondern auch ein interessanter wirtschaftlicher Konsumfaktor in unserer Gesellschaft geworden. Also hat er sich aus seinem tiefenpsychologischen Gefängnis inzwischen auch wieder seinen Weg in unseren gesellschaftlichen Alltag erkämpft. Begonnen hat die Rückkehr des Alten Drachen in unsere heutige reale Welt in den 1970er Jahren des 20. Jahrhunderts. Widerstand gegen die Staatsgewalt, revolutionäre Studentenschaft, Terrorismus der Roten Armee Fraktion (RAF), Wirtschafts- und Strukturkrisen, also Chaos, kennzeichnete die Gesellschaft nach den beschaulichen Jahren des wirtschaftlichen Aufschwungs. In atemberaubenden Tempo fanden die sozialen Strömungen und Theorieansätze des 19. Jahrhunderts wie Sozialismus, Kommunismus, Liberalismus und verschiedene drogenverstärkte Formen der Wirklichkeitsflucht wieder Eingang in unsere eben noch so heile Welt. Natürlich ließen die Drachen in diesem polarisierenden Chaos nicht lange auf sich warten. Schnell erreichte das in Deutschland 1969/70 erstmals publizierte Fantasyepos ›Der Herr der Ringe‹ in der noch parteilosen alternativen Szene Kultstatus. Und selbst ›Der kleine Hobbit‹ mit dem Drachen Smaug durfte im revolutionären Bücherregal neben den Marx-Engels-Werken nicht fehlen. Selbstverständlich ging es damals beim ›Herrn der Ringe‹ nicht einfach nur um ein Fantasyvergnügen. Vielmehr war das Epos von John Ronald Reuel Tolkien zunächst Gegenstand intensiver politischer Analyse. Gab es da etwa Anklänge an nationalsozialistisches Gedankengut? Sollten die Orks vielleicht den nicht arischen Untermenschen repräsentieren? War das Werk andererseits vielleicht als Gleichnis auf die Schrecken und Unmenschlichkeit des faschistischen Regimes Hitlers zu verstehen? Klang da nicht eine massive Kapitalismuskritik durch? Zentrale Frage also: Gehört Tolkien zu den Guten oder den Bösen?[59]

Tatsächlich bediente sich die politische Szene in Anlehnung an den Stil der staatstheoretischen und philosophischen Werke des 19. Jahrhunderts, in deren Tradition sie sich sah, gerne mythologischer Konstrukte und Begriffe.

So hatte sich die heute noch existierende Berliner Zeitschrift für Sozialwissenschaft ›Leviathan‹ bei ihrer

Gründung 1972 mit ihrem Titel ganz bewusst auf die staatstheoretische Abhandlung von Thomas Hobbes ›Leviathan oder Stoff, Form und Gewalt eines kirchlichen und bürgerlichen Staates‹ bezogen. Recht überraschend konnte man noch am 28.06.1999 auf der Titelseite des Magazins ›Der Spiegel‹ Gerhard Schröder als Drachentöter bewundern.[60] Überraschend deshalb, weil inzwischen die Zeit der gesellschaftspolitischen Drachen längst zuende gegangen war.

Selbst Tolkiens ›Der Herr der Ringe‹ war nun nicht mehr politische Literatur, sondern ein herausragendes, einzigartiges Epos und Vorbild des mythologischen Fantasygenres.

Bereits in den neuzeitlichen Märchen nahmen die Drachen recht unterschiedliche Rollen ein. Zwar war hier immer noch der Drache als böser Schatzhüter und Jungfrauenfresser vorherrschend, in vielen Volksmärchen hatte er aber auch die Rolle eines Glücksbringers und Beschützers der Unterdrückten inne wie die Spreewälder Sagen beispielhaft dokumentieren. Als niedliches, gewaltfreies und pädagogisch wertvolles kleines Ungeheuer hielt der Drache seit den 1970er Jahren auch Einzug in die Kinderzimmer. So möchte der Held einer Zeichentrickserie, der kleine Drache Grisu, unbedingt Feuerwehrmann werden. Gert Prokops ›Drache mit den veilchenblauen Augen‹ kann lesen und schreiben, aber kein Feuer spucken. Tabaluga, der grüne Umweltdrache von Peter Maffay hat es sogar zum Musicalstar und zum Namenspatron zahlreicher Kindergärten gebracht. Der Glücksdrache Fuchur aus Michael Endes Buch ›Die unendliche Geschichte‹, wird im gleichnamigen Film

**DER SPIEGEL** Nr. 26/28.6.99 · 5,00 DM

SPIEGEL-SERIE
Das **20.** Jahrhundert
Schöne neue Welt der Fabriken

Sparpaket
Rentenreform
Hombachs Abgang
Holocaust-Mahnmal

# Der Kraftakt
Die große Wende am Ende der Bonner Ära

Spiegel-Titel vom 28.06.1999

als kuscheliger ›Flugdackel‹ dargestellt. Und bei einem bekannten Schulbuchverlag können die Schüler unter anderem mit dem kleinen Drachen Fumi Schreiben lernen.

Die Vorstellung vom Drachen als biologisches Wesen, war vor dem Hintergrund der faszinierenden Fantasywelten, die die Frage nach Ursprung und Bedeutung des Drachen gar nicht mehr aufkommen ließen, im Laufe der 1970er Jahre zumindest diesseits des Eisernen Vorhangs weitgehend in den Hintergrund getreten. Nach der Wende jedoch erlebten die ›Saurierdrachen‹ und die Suche nach biologischen Vorbildern eine gewisse Renaissance. Geprägt vom materialistisch-naturwissenschaftlichen Bildungssystem der DDR hatten die Drachenforscher der neuen Bundesländer kaum einen Bezug zu Mythen und Religionen entwickelt. Und auch im ›Westen‹ begann die biologische Drachenwelt wieder an Boden zu gewinnen. Heute gehören diese wissenschaftlich tatsächlich längst widerlegten Theorien zur allgemeinen Pseudobildung. Für Erwachsene ist der nicht biologische Drache in der Regel vor allem etwas für Kinder, Esoteriker oder eben ein unterhaltsames Fantasyprodukt. Interessant ist diese Entwicklung allein schon deshalb, weil wir es hier mit einem kulturgeschichtlich sehr aufschlussreichen zeitgenössischen Drachenphänomen zu tun haben. Die Drachenlandschaft des 19. Jahrhunderts war, wie wir gesehen haben, unglaublich vielfältig. Der biologische, der mythische, der politische, der tiefenpsychologische und der religiöse Drache konnten mühelos in vielfältiger Erscheinungsform nebeneinander und sogar miteinander existieren.

Diese Erscheinungs- und Bedeutungsformen sind heute trotz des gegenteiligen Eindrucks, den Internet und Medien vermitteln, recht beschränkt. Unser Verständnis des Drachen als ein aus einem biologischen Vorbild entstandenes Fantasiegeschöpf, hätte die meisten großen Geister des 19. Jahrhunderts wahrscheinlich an unserem Verstand zweifeln lassen. Selbst die Ingenieure der damaligen Zeit hatten ebenso wie die großen Naturforscher einen geisteswissenschaftlichen Hintergrund. Die Philosophie war seit Jahrtausenden die Basis wissenschaftlicher Erkenntnis. Sie brachte das hervor, worauf wir heute noch immer so stolz sind: die großen Dichter und Denker, die Fortschritte in Wissenschaft und Kultur. Und auch die wirtschaftlichen und technologischen Leistungen, die großen Produktentwicklungen in Maschinenbau und Chemie und vor allem die Entwicklung und Errungenschaften des sozialstaatlichen Konzepts wären ohne das Primat der Geisteswissenschaften schlichtweg undenkbar gewesen.

Zwar hat nicht zuletzt das Internet die Verbreitung der Fantasydrachen massiv gefördert, mit den intellektuell so anspruchsvollen Drachen der Vergangenheit haben sie jedoch nur noch wenig gemeinsam. Kaum ein Fantasycomputerspiel oder virtuelles Fantasyrollenspiel kommt ohne den Drachen aus. Und auch hier muss er häufig wie so oft in seiner kulturgeschichtlichen Vergangenheit die Opferrolle einnehmen, allerdings ohne dass ein nachvollziehbarer Konflikt, dessen Dimensionen eines Drachen würdig wären, hinter dieser Auseinandersetzung steckt.[61] Aber in Westeuropa leben wir heute in einer pluralistischen, demokratischen Gesellschaft,

Tabaluga, der grüne Umweltdrache von Peter Maffay hat es zum Musicalstar und Namenspatron zahlreicher Kindergärten gebracht. Briefmarke der Deutschen Post AG, 1999

in der sich die Konfliktbewältigung auch zwischen den Nationen derzeit weitestgehend in den geregelten Bahnen juristischer und materieller Übereinkünfte abspielt. Die Drachenkämpfe haben wir um unserer Freiheit Willen, so jedenfalls die eindringliche Argumentation unserer politischen Führungseliten, an den Hindukusch und in andere Gegenden verlagert. Dort, da kann man sich sicher sein, ist auch der alte, böse Drache zu Hause, mit uns inzwischen so geläufigen Namen wie Taliban, Al Qaida oder fundamentalistischer Islamismus.

In unseren heimischen Gefilden haben sich inzwischen die Drachenvorstellungen der Fantasy, der Geschichte, der Sagen und Legenden und natürlich der zahlreichen esoterischen Strömungen hoffnungslos miteinander vermischt und neben den traditionellen auch eine gänzlich neue Drachenspezies hervorgebracht. Zielgruppengerecht gestaltet und in seinen Eigenschaften marketingstrategisch optimiert, ist der ehemals wilde, unabhängige und immer antiautoritäre Drache nun auch domestiziert worden. Es ist der Drache der Konsumgesellschaft, stromlinienförmig in Gestalt und Charakter. Als in China produzierte Billigskulptur für die knappen Kassen, als thailändische Holzschnitzerei oder als handgegossene Manufakturware für den pralleren Geldbeutel wird er auf Pseudomittelaltermärkten oder in Esoterikläden feilgeboten. Bereitgestellte Literatur mit kompliziert formulierten aber einfach gestrickten Handlungsanleitungen und Glaubenssätzen liefert die Gebrauchsanweisung für den Umgang mit dem willfährigen drachigen Seelentröster.[62] Die Drachenkämpfe unserer Zeit sind vor allem Medienereignisse, Unterhaltung. Die paläontologischen Inseln finden sich in der genmanipulierten Freizeitparkvariante der ›Jurassic Parks‹ wieder. Die romantische Variante liefern ›Dragonheart‹ und seine Kollegen. Und der für unsere Kultur so bedeutende uralte Kampf zwischen Gut und Böse wird als sinnentleertes Schlachtenspektakel in ›Die Herrschaft des Feuers‹[63] präsentiert.

Durchaus intelligent ist hingegen das aus unterschiedlichen, überwiegend esoterischen Strömungen zusammengebaute Drachenkonzept des in der Fantasygemeinde umstrittenen Eragonepos. Die extrem enge emotionale und magische Verbindung zwischen Drachen und Reiter bedient hier das romantisch-tiefenpsychologisch orientierte Marktsegment.

Wenn man die Diskussionen über Eigenschaften und Wesen des Drachen beispielsweise in Fantasyforen verfolgt, so darf man feststellen, dass hier zwar meist sehr viele phantastische Vorstellungen der Fantasyliteratur reproduziert werden, eigene Gedanken, beruhend auf kulturgeschichtlichen Grundlagen, hingegen recht selten sind. Aber trotzdem oder genau deshalb vermitteln auch unsere Fantasydrachen eine kulturgeschichtliche Botschaft: Ohne eine Verankerung der Geisteswissenschaft in der Gesellschaft fehlt das Instrumentarium für eine Hinterfragung von kostenlosen und leicht zugänglichen Informationen, die vor allem das Internet bietet. Eine Überprüfung oder gar selbstständige Erarbeitung von Erkenntnissen kann nur noch beschränkt stattfinden. Wie sollte Selbstständigkeit auch geschult werden, in einer Gesellschaft, in der Bildungspolitik als Förderung lediglich naturwissenschaftlicher und technischer

Disziplinen begriffen wird. Da beschränkt sich dann die Diskussion über Bildungssysteme auf formale Organisationsformen: (Sozial-)Staatstheorien oder Gesellschaftsentwürfe werden als mathematisch-statistische Probleme behandelt. Erkenntnisse und Informationen werden immer weniger erarbeitet, sondern gekauft, gegoogelt und, wenn's einem denn passt, geglaubt; übrigens auch bei den Medien. Derzeit ist der Drache unserer Gesellschaft also nicht besonders anspruchsvoll und hält auch keine großen Herausforderungen mehr für unseren Verstand bereit. Die sogenannte Finanzkrise und die wie auch immer zu bewertende soziale Krise unserer Gesellschaft zeigt aber, dass der Drache jederzeit durchaus auch wieder zu seiner alten Form und je nach Sichtweise als Erschütterer oder Verteidiger unzeitgemäßer gesellschaftlicher Strukturen auflaufen kann. Dann nämlich, wenn wir uns aus eigener Betroffenheit gezwungen sehen, wieder selbst nach Ursachen, Zusammenhängen und Lösungen unserer gesellschaftlich-strukturellen Krisen zu forschen.

# Was zum Teufel ist also ein Drache?

Ein Drache, das hat der zweifellos nur flüchtige und zwangsläufig selektive Streifzug durch die Kulturgeschichte gezeigt, ist weit mehr als nur ein Phantasiewesen. Er ist immer ein gesellschaftliches Produkt und eine gesellschaftliche Herausforderung gleichermaßen gewesen. Im Sinne des Infragestellers von Macht- und Herrschaftsstrukturen ist er sicherlich auch der Teufel. Aber eben nicht nur der Teufel als Gegenspieler einer dem Volk als allmächtig verkauften ideologisch-religiösen Kopfgeburt, sondern der Teufel, der immer wieder Traditionen, Denkmuster, Institutionen, verkrustete gesellschaftliche Strukturen in Frage zu stellen und aufzubrechen hilft. Tatsächlich spielt es dabei gar keine Rolle, ob der Drache nun als gut oder böse betrachtet wird, entscheidend ist, dass er polarisiert, zur intellektuellen Auseinandersetzung und zu Konfliktlösungen zwingt. Auch der zeitliche und regionale Ursprung des Drachen spielt keine wichtige Rolle bei der Erfüllung seiner Aufgabe. Denn er ist ohnehin immer das Produkt der jeweiligen Kultur und Epoche, auch in seiner Bedeutung, seinem Erscheinungsbild und den künstlerischen Ausdrucksformen. Im frühgeschichtlichen Vorderasien repräsentierte der Drache die chaotische Natur als zentrale Herausforderung für die sich etablierenden Zivilisationen. Dabei war der Drache nicht das Chaos selbst, sondern ein Modell, das die komplexen Abläufe der natürlichen Prozesse, das Wesen der Naturgewalten auf der Basis von Vertrautem begreifbar und beherrschbar machte. Ohne solche Modelle ist der Mensch handlungsunfähig, denn jede Erkenntnis, jede auch gesellschaftliche Vision muss von Bekanntem ausgehen, soll sie zu einem Ergebnis führen. Und der Drache ist ein Modell, das immer dann zum Einsatz kommt, wenn es um sehr komplexe, gesellschaftliche Probleme geht. Der Drache ist das Modell für die gesellschaftlichen Probleme, auf das sich die Gegner, seien sie auch noch so unversöhnlich, zur Entwicklung von Konfliktlösungsstrategien immer einigen konnten. Am Modell des Drachen konnte man im intellektuellen Disput des Mittelalters die komplizierten Verwerfungen zwischen weltlicher und religiös-ideologischer Realität verstehen und bewältigen. Das Modell des Drachen als gemeinsame äußere und innere Bedrohung half der christlichen Kirche bei der Bewältigung ihrer gewaltigen Aufgabe, die unzähligen barbarischen Stämme des Frankenreichs zu vereinen.

Als Modell für gesellschaftliche Konflikte, Bedürfnisse und Interessen ist der Drache, egal in welcher Erscheinungsform, nur schwer zu ersetzen. Er ist Teil der menschlich-gesellschaftlichen Natur und insofern in ganz rationalem Sinn tatsächlich auch Naturwesen. Meine als Drachenforscher natürlich nicht ganz unvoreingenommene Betrachtung der gegenwärtigen Drachenkultur, zeigt ein aktuelles gesellschaftliches Dilemma: Neues kann nur auf der Basis von Bekanntem entwickelt und erdacht werden, Probleme und Konflikte können nur bewältigt werden, wenn das intellektuelle Handwerkszeug zu ihrem Verständnis vorhanden ist. Die Beschäftigung mit der Kulturgeschichte des Drachen, die zugleich eine Geschichte gesellschaftlicher Konfliktbewältigungsstrategien ist, könnte den dringend notwendigen lösungsorientierten Auseinandersetzungen über die Sozialsysteme, das Bildungssystem, die politischen Strukturen unserer Gesellschaft und möglicherweise sogar den Kampf gegen den Terrorismus, der dringend einer intellektuellen Ergänzung bedarf, einen gewissen Auftrieb verleihen. Dies allein schon deshalb, weil der kleine kulturgeschichtliche Drachenausflug gezeigt hat, dass gesellschaftliche Probleme nur unter Einbeziehung aller Blickwinkel bewältigt werden können. Wir werden also auch zukünftig auf das so vertraute und gleichzeitig unheimliche Wesen, das die menschliche Kultur seit tausenden von Jahren begleitet, nicht verzichten können. Denn der Drache ist gut und böse gleichzeitig, er verkörpert unsere äußere und innere Welt, unsere Freunde und unsere Feinde, die Natur und die Technik, das Chaos und die Zivilisation. Der Drache repräsentiert das ganze Universum der komplexen menschlichen Kultur. Gerade deshalb war und ist unsere Vorstellung von der Erscheinungsform des Drachen immer konkret, sein Wesen jedoch kaum zu fassen.

Anhang

# Anmerkungen

1   Drachenforschung ist keine eigenständige wissenschaftliche Diszi-
    plin, sondern ein interdisziplinärer Forschungsschwerpunkt, dem
    sich Laien und Wissenschaftler wie Germanisten, Ethnologen oder
    Kulturgeschichtler gewidmet haben. In der Drachenforschung gibt
    es wie in jeder Wissenschaft unterschiedliche ›Schulen‹, zu denen
    die kulturgeschichtliche, die naturalistische oder die tiefenpsycho-
    logische gehören. Zu den ersten modernen, wissenschaftlich ori-
    entierten Drachenforschern kann man übrigens die Brüder Grimm
    zählen. Die als Gründungsväter der Germanistik geltenden Sprach-
    wissenschaftler haben die von ihnen gesammelten Märchen, Sa-
    gen und Legenden literaturkritisch auf Quellen und Ursprünge
    untersucht. Besonderes Augenmerk richteten die Brüder Grimm
    auch auf die kulturgeschichtliche Bedeutung und Herkunft der
    Märchen- und Sagenfiguren. In diesem Zusammenhang entstan-
    den auch Ausführungen zur Kulturgeschichte des Drachen, die von
    den nachfolgenden Drachen- und Märchenforschen wie dem deut-
    schen Erzählforscher Lutz Röhrich aufgenommen wurden.

2   Zhao, Quiguang, A Study of Dragons, East and West, Asian Thought
    and Culture, Vol. 11, New York 1992.

3   In der Bibel erscheint der Drache relativ häufig so u. a. an folgenden
    Stellen: Psalm 74,12–17; Psalm 104,26; Hiob 7,12; Hiob 26,10–14;
    Hiob 40,25–41,26; Jesaja 27,1; Daniel 7,3–12.

4   So musste der ägyptische Sonnengott Re die Chaosschlange Apep
    (griech. Apophis) jede Nacht auf seinem Weg durch die Unterwelt
    erneut besiegen, um die göttliche Ordnung gegenüber dem Chaos
    durchzusetzen. Belegt ist dieser Mythos etwa seit dem Ende des 3.
    vorchristlichen Jahrtausends. Ninurta ist ein sumerisch-akkadischer
    Gott, der neben verschiedenen Chaosungeheuren wie der sieben-
    köpfigen Schlange und dem sechsköpfigen Bock auch das Asak-
    ku-Ungeheuer, einen Löwen-Drachen, tötet. Dieser Mythos lässt
    sich in das 3. Jahrtausend vor Chr. zurückdatieren. Aus dem nord-
    syrischen Ugarit berichten die Schrifttafeln von Ras Schamra über
    Yam oder Yaw. Diese ugaritische drachengestaltige Meeresgott-
    heit wird nach dem Mythos aus dem 2. vorchristlichen Jahrtausend
    vom ugaritischen Hauptgott Baal bezwungen. Ebenfalls aus dem

2. vorchristlichen Jahrtausend stammt der indoeuropäisch-hethitische Mythos von Illujanka, dem Schlangendrachen, der vom Wettergott Tarhunna getötet wird. In Kanaan des 2. bis 1. Jahrtausends vor Chr. begegnet uns die Chaosschlange Lothan, eine Entsprechung des hebräischen Leviathan. Lothan wird von Anat oder Baal getötet. In der altpersischen Mythologie wird der Drache Azhi Dahaka vom mythologischen Urkönig Faridun bezwungen. Dieser Drachenkampf geht auf den vermutlich im 2. vorchristlichen Jahrtausend entstandenen Zoroastrismus (Religionsstifter: Zarathustra) zurück und wird im um 1000 vor Chr. niedergeschriebenen persischen Heldenepos Schahname dargestellt.

5    Der in diesem Buch wiedergegebene Inhalt des Enûma elîsch ist frei formuliert. Der Text orientiert sich an verschiedenen deutsch- und englischsprachigen Übersetzungen anerkannter Wissenschaftler und Institutionen, die im Internet verfügbar sind. Die Übersetzungen unterscheiden sich jedoch teilweise stark in ihren Formulierungen. Es liegt nahe, das hier bei der Interpretation des Originaltextes ein gewisser Spielraum genutzt wurde, der je nach persönlicher Neigung des Übersetzers auch zu unterschiedlichen inhaltlichen Schlussfolgerungen führt. Oft geht es bei den publizierten Übersetzungen um die Grundlage für eine religionswissenschaftliche Auseinandersetzung zur Begründung der Einzigartigkeit des biblischen Gottes oder um den Beweis des Gegenteils. Thema dieses Buches ist aber eine kulturgeschichtliche Auseinandersetzung mit dem Drachen. Daher ist hier bewusst eine möglichst freie und unparteiische Darstellung gewählt worden.

6    Jordan, Franzis, In den Tagen des Tammuz. Altbabylonische Mythen, München 1950, S. 97 ff.

7    Obwohl Çatal Höyük rund 2000 Häuser auf einer Fläche von über 12,25 Hektar umfasste und etwa 8000 Menschen beherbergte, war die Siedlung in Anatolien keine Stadt. Bislang konnten weder Anzeichen für die Funktion als zentraler Ort noch für eine hierarchische Organisationsstruktur gefunden werden. Es scheint vielmehr, als sei jeder Haushalt für sich selbst verantwortlich gewesen, nicht nur was den Lebensunterhalt, sondern auch, was die Ausübung von Glauben und Ritualen betrifft. Die Funde belegen aber andererseits einen hohen handwerklichen und kulturellen Entwick-

lungsstand der Bewohner an der Schwelle zur Sesshaftigkeit. Nicht zuletzt sind hier überregionale Handelsbeziehungen nach Mesopotamien durch entsprechende Funde belegt. vgl. Levy, Joel, Lost Cities, Stuttgart 2008, S. 16 ff.

8   Die Archäologin Daniele Morandi Bonacossi beschreibt im Begleitbuch zur Ausstellung ›Schätze des alten Syrien‹ beispielhaft wie die Menschen der Königstadt Qatna im alten Syrien ihre Umwelt formten. Anhand geoarchäologischer Untersuchungen ergibt sich folgendes Bild: 2800 bis 2500 vor Chr. fand die erste kontinuierliche Besiedlung einer Kalkterrasse am Zusammenfluss zweier Wasserläufe statt. Bereits in dieser Zeit war eine bewusste Lenkung der Wasserläufe zu erkennen, die zu einem teils künstlich angelegten Wasserbecken von rund 70 Hektar Größe führte. Auf dieser Wasserversorgung basierender Ackerbau und Viehzucht mündete in den Ausbau der Siedlung zur Stadt. Seit Anfang des 2. Jahrtausends vor Chr. entwickelte sich die Stadt zur Herrschafts- und Handelsmetropole. Ein gewaltiger Befestigungswall mit 20 Metern Höhe und einer umschlossenen Fläche von 110 Hektar entstand. Das großflächige Wasserreservoir wurde durch die Wallanlage zu einem langen, breiten, dem Wall folgenden Kanal umgeformt und innerhalb der Befestigungsanlage entstand ein kleiner See. Die Wacholder- und Eichenwälder der Umgebung wichen ausgedehnten und weiträumigen Feldern mit Gerste, Weintrauben- und Olivenanbau. Wiesenlandschaften mit vereinzelten Bäumen prägten nun das nicht beackerte Gebiet. Wahrscheinlich führten menschliche Eingriffe und klimatische Veränderungen im 1. vorchristlichen Jahrtausend zu einer Verstärkung der Bodenerosion, der Abnahme des Wasservorrats und der wachsenden Versumpfung des Sees.

9   Die komplizierte Identitätsbildung Israels hat unter anderem auch zu speziell ausgeprägten Abgrenzungsideologien geführt, die sich unter anderem im Selbstverständnis als Gottesvolk und dem universellen Machtanspruch Jachwehs ausdrücken und eine klare Polarisierung in Gut und Böse, Freund oder Feind nach sich ziehen. Zum wechselhaften Prozess der Identitätsbildung Israels anhand der alttestamentarischen Schriften: Irsigler, Hubert (Hg.), Die Identität Israels. Entwicklungen und Kontroversen in alttestamentlicher Zeit, in: Herders biblische Studien 56, Freiburg im Breisgau 2009.

10   vgl. Renfrew, Colin/Bahn, Paul G., Basiswissen Archäologie. Theorien–Methoden–Praxis, Mainz 2009, S. 27 ff.

11   Uehlinger, Christoph, Drachen und Drachenkämpfe im Alten Vorderen Orient und in der Bibel, in: Schmelz, Bernd/Vossen, Rüdiger (Hg.), Drachenspuren. Ein Buch zum Drachenprojekt des Hamburgischen Museums für Völkerkunde, Hamburg 1995, S. 55–101.

12   vgl. Hofmann, Knut Edl. von, Der Drache in Ostasien. China–Korea–Japan, in:
      Schmelz/Vossen (Hg.), Drachenspuren, Hamburg 1995, S. 32–47.

13   vgl. Schmidt, Klaus, Sie bauten die ersten Tempel. Das rätselhafte Heiligtum der Steinzeitjäger. Die archäologische Sensation am Göbekli Tepe, München 2008.

14   vgl. Schmidt, Klaus, Die Steinkreise und die Reliefs des Göbekli Tepe, in: Badisches Landesmuseum Karlsruhe (Hg.), Die ältesten Monumente der Menschheit. Begleitband zur großen Landesaustellung Baden-Württemberg im Badischen Landesmuseum 2007, Stuttgart 2007, S. 83–96.

15   vgl. Schmidt, (…) die ersten Tempel, S. 210 ff.

16   Ders., ebd.

17   vgl. Burkolter-Trachsel, Max, Der Drache. Das Symbol und der Mensch, Bern/Stuttgart 1981, S. 11, und S. 55 ff

18   Ein sehr anschaulicher Stammbaum nach Hesiods Theogonie findet sich bei:
      Golowin, Sergius/Eliade, Mircea/Campbell, Joseph, Die Großen Mythen der Menschheit, München 2002, S. 31 ff.

19   Den neusten Stand der Forschung zur Ankunft der Griechen auf dem Peloponnes beschreibt Louise Schofield in ihrem Buch ›Mykene‹. Hier findet sich der sprachwissenschaftliche Nachweis, dass die Mykener die Vorfahren der Griechen des klassischen Altertums waren. Eine Erkenntnis, die für die Einordnung der Sage von der

Gründung Thebens als Ursprungsmythologie der griechischen Zivilisation von großer Bedeutung ist.
Siehe: Schofield, Louise, Mykene. Geschichte und Mythos, Mainz 2009, S. 24 ff.

20  Hesiod, Theogonie (I Kapitel 2), hg. von Mohr, J. C. B./Siebeck, Paul; übersetzt von Voß, Johann Heinrich, Tübingen 1911; siehe auch die Onlineressource bei Projekt Gutenberg: http://gutenberg.spiegel.de/?id=5&xid=1177&kapitel=1#gb_found.

21  Anschaulich beschrieben ist die Entstehung und Bewertung der Quellen zu vorchristlichen Glaubensvorstellungen am Beispiel der Kelten in: Green, Miranda Jane, Keltische Mythen. Mythen alter Kulturen, Stuttgart 1994, S. 7 ff.

22  Die Bedeutung von Kirche und Religion für die Entwicklung und Herrschaft großer Reiche beschreibt Tom Holland in seinem ›Millenium‹, wenn auch in anderem Zusammenhang: Holland, Tom/Held, Susanne, Millenium. Die Geburt Europas aus dem Mittelalter, Stuttgart 2009.

23  Die Sage stammt aus einer walisischen Sammlung mythologischer Erzählungen, ›Mabinogion‹ genannt, die erstmals im 11. Jahrhundert nach Christus zusammengestellt wurde. Siehe dazu: Green, Keltische Mythen, S. 15–16.

24  Zu den Orten mit Drachensagen gehören beispielsweise Schöten bei Apolda, Klagenfurt, Geldern, Syrau im Vogtland, Metz, Paris, Rouen, Tarascon, Krakau sowie zahlreiche britische, schweizer und osteuropäische Orte.

25  vgl. Bandini, Pietro, Drachenwelt. Von den Geistern der Schöpfung und der Zerstörung, Stuttgart 1996, S. 196 ff.

26  Im Kapitel ›Der Drachengott der Gosis‹ beschreibt Bandini die Überzeugungen vieler Gnostiker (beispielsweise der Ophtiten, der ›Schlangenanbeter‹), die den Schöpfergott als schlangen- oder drachengestaltiges Wesen sehen. Siehe: Bandini, Drachenwelten, S. 176ff.

27  Ders., ebd.

28  Holland, Millenium.

29  vgl. Time-Life (Hg.), Verzauberte Welten. Drachen, Augsburg 1995, S. 79.

30  http://bestiarium.net/tazzelwurm.html.

31  Zu den höfischen Epen gehören beispielsweise das Nibelungenlied, die Ditrichepik oder Parzival. Dabei ging es um höfische Unterhaltungsliteratur, oft als Auftragsarbeit, in der Inhalte und Motive alter Sagen und Heldenepen verarbeitet wurden.

32  vgl. Bandini, Drachenwelten, S. 188 ff.

33  vgl. Ménard, Philippe, Marco Polo. Die Geschichte einer legendären Reise, Darmstadt 2009, S. 165.

34  vgl. Bandini, Drachenwelten, S. 191.

35  Zusammengestellt aus: Cotterell, Arthur, ›Die Welt der Mythen und Legenden‹, München 1990.

36  vgl. O.A., Sagen der Lausitz, Bautzen 1998, S. 78–79.

37  Baumann, Winfried, Der Drache aus Böhmen. Von der Geschichte zum Festspiel in Furth i. Wald, Regensburg 1986.

38  In seinem Begleitband zur Ausstellung des Römisch-Germanischen Zentralmuseum Mainz (RGZM) ›Wanderer zwischen den Welten‹ zeigt Dieter Quast beispielhaft die archäologisch belegten ›weltweiten‹ Verbindungen der ›barbarischen‹ germanischen Führungselite in der römischen Kaiserzeit. Siehe: Quast, Dieter, Wanderer zwischen den Welten. Die germanischen Prunkgräber von Straze und Zakrzow, Mainz 2009.

39  vgl. Hammel-Kiesow, Rolf/Puhle, Matthias/Wittenburg, Siegfried, Die Hanse, Darmstadt 2009, S. 92 ff.

40 Der Humanismus entwickelte sich als Bildungsbewegung im 15. und 16. und wurde durch die Rückbesinnung auf das ideale antike Menschenbild von den kirchlichen Vorgaben gelöst. Er propagierte Freiheit, Toleranz und die Menschwürde des Individuums und beeinflusste die kulturellen und sozialen Veränderungen der Neuzeit, die Reformation, das Zeitalter der Aufklärung und nicht zuletzt das Universitäts- und Schulwesen bis in die erste Hälfte des 20. Jahrhunderts. Einer der ersten und einflussreichsten Vertreter des Humanismus war Erasmus von Rotterdamm.

41 Das von Johann Heinrich Zedler verlegte ›Universal-Lexicon‹ ist mit Abstand das umfangreichste enzyklopädische Werk, das im Europa des 18. Jahrhunderts publiziert wurde. In einem von der Deutschen Forschungsgemeinschaft (DFG) finanzierten Projekt der Bayerischen Staatsbibliothek wurde die Enzyklopädie zwischen 1999 und 2001 digitalisiert und ist unter http://www.zedler-lexikon.de/ online verfügbar.

42 Einen Eindruck von der faszinierenden Kunst der mittelalterlichen Buchmalerei gibt ›The book of Kells‹, eine schottische Handschrift aus dem 8. Jahrhundert. Siehe: Sullivan, Edward, The Book of Kells, London 1995.

43 Athanasius Kircher lebte von 1602 bis 1680. Er war ein Gelehrter, der unter anderem Krankheiten wie Malaria oder Pest erforschte und dabei zu beeindruckend modernen Erkenntnissen kam.

44 vgl. Lange, P. Werner, Seeungeheuer. Fabeln und Fakten, 2. Aufl. Leipzig 1979, S. 24.

45 Mit Ausnahme der polaren Zonen und schwer zugänglicher Gebiete im Innern der Kontinente war die Erde um 1850 weitgehend erforscht und mit dem geographischen Standardwerk ›Kosmos‹ des Gelehrten Alexander von Humboldt in den Grundzügen beschrieben.

46 vgl. Fagan, Brian, Die Eiszeit. Leben und Überleben im letzten großen Klimawandel, Stuttgart 2009, S. 18 ff.

47 Hawkins, Thomas, The Book of the Great Sea-Dragons, Ichthyosauri and Plesiosauri, Gedolim Taninim, of Moses. Extinct Monsters of

the ancient earth. With Thirty Plates, copied from skeletons in the authors collection of fossil organic remains, London, 1840, heute im Besitz des British Museum.

48  Folgendes Zitat ist Carl Hagenbecks (Gründer des 1907 bei Hamburg eröffneten Stellinger Tierparks) ›Von Tieren und Menschen‹ entnommen: »Sollten nicht die Weiten der Ozeane, die unerforschte Welt der Tiefsee oder die nie von eines Menschen Fuß betretenen fieberschwangeren Sümpfe Innerafrikas noch Nachfahren dieser verschollenen Epochen bergen, zu denen die Altertumskammer unserer Tierwelt »Australien« manche Brücke schlägt? Häufig brachten meine Expeditionen aus dem Inneren der großen Kontinente Eingeborenenberichte mit, die von Tierarten Kunde geben, welche uns unbekannt scheinen. Nicht so oft, wie man vielleicht anzunehmen geneigt ist, sind solche Berichte Übertreibungen oder gar bewußte Lügen, vielmehr führt eine gewissenhafte Prüfung ihrer Berichte häufig zu neuen Entdeckungen. Berühmt geworden ist ja in der gesamten Tierkunde unserer Tage die Auffindung der Überreste des Riesenfaultieres in Südamerika. [ . . . ] So erhielt ich beispielsweise vor einigen Jahren aus ganz verschiedenen Quellen Berichte [ . . . ] Beide Berichte stimmen merkwürdigerweise darin überein, daß ihnen die Eingeborenen von dem Vorkommen eines Ungeheuers erzählt hätten, das, halb Elefant, halb Drache, in den unzugänglichen Sumpfgebieten nahe der Kongostaatgrenze zwischen den Flüssen Lunga und Kafue hause. [ . . . ] Nach allem, was mir davon bekanntgeworden ist, kann es sich nur um eine Art Brontosaurus handeln. [ . . . ] Unter erheblichen Kosten habe ich sofort eine Expedition in dieses Gebiet entsandt. Sie mußte aber unverrichtetersache heimkehren, weil in diesen undurchdringlichen und Hunderte von Kilometern sich nach allen Seiten ausdehnenden Sümpfen meine Reisenden von schweren Fieberanfällen heimgesucht wurden. [ . . . ] Trotzdem gebe ich die Hoffnung noch nicht auf, unserer Zoologie den Beweis der Existenz dieses Geschöpfes zu erbringen und damit vielleicht zu weiteren Entdeckungen Anlaß zu geben.« Siehe die Onlineressource bei: http://www.zeno.org.

49  vgl. O.A., Die Schrecken der Tiefe, Mysteriöse Lebewesen, Ungeheuer in Tier- und Menschengestalt, Rastatt 1994, S. 55 ff.

50 vgl. Lange, P. Werner, Seeungeheuer. Fabeln, Fakten, Mythen und Legenden, Leipzig 1979, S. 45 ff.

51 Psalm 104,25–26: »Da ist das Meer, so groß und so weit, drin wimmelt es ohne Zahl, Seeungeheuer schwimmen darin, Leviathan, den du erschufst dir zum Spielzeug.«

52 Andre Zeiten, andre Drachen

Immer nicht an Mond und Sterne
mag ich meine Blicke hängen -:
Ach man kann mit Mond und Sternen,
Wolken, Felsen, Wäldern, Bächen
allzuleichtlich kokettieren,
hat man solch ein schelmisch Weibchen
stets um sich wie Phanta Sia.

Darum senk ich heut bescheiden
meine Augen in die Tiefe.
Hier und da ein Hüttenlichtlein;
auch ein Feuer, dran sich Hirten
nächtliche Kartoffeln braten -
wenig sonst im dunklen Grunde.
Doch! da drunten seh ich eine
goldgeschuppte Schlange kriechen ...

Hochromantisches Erspähnis!
Kommst du wieder, trautes Gestern,
da die Drachen mit den Kühen
friedlich auf den Almen grasten,
wenn sie nicht grad Flammen speien
oder Ritter fressen mußten -
da der Lindwurm in den Engpaß
seinen Boa-Hals hinabhing
und mit grünem Augenaufschlag
Dame, Knapp und Maultier schmauste -
kommst du wieder, trautes Gestern?

Eitle Frage! Dieses Schuppen-
Ungetüm da drunten ist ein

ganz modernes Fabelwesen,
unersättlich zwar, wie jene
alten Schlangen, doch auch wieder
jenem braven Walfisch ähnlich,
der dem Jonas nur auf Tage
seinen Bauch zur Herberg anbot.

Feuerwurm, ich grüße froh dich
von den Stufen meines Schlosses!
Denn ob mancher dich auch schmähe,
als den Störer stiller Lande,
und die gelben Humpeldrachen,
die noch bliesen, noch nicht pfiffen,
wiederwünschte, – ich bekenne,
daß ich stolz bin, dich zu schauen.
Höher schlägt mir oft das Herze,
seh ich dich auf schmalen Pfaden
deine Wucht in leichter Grazie
mit dem Flug der Vögel messen
und mit Triumphatorpose
hallend durch die Nächte tragen.

Sinnbild bist du mir und Gleichnis
Geistessiegs ob Stoffesträgheit!
Gleichnis bist du neuer Zeit mir,
die, jahrtausendalter Kräfte
Erbin, Sammlerin, sie spielend
zwingt und formt, beherrscht und leitet!

Andre Zeiten, andre Drachen,
andre Drachen, andre Märchen,
andre Märchen, andre Mütter,
andre Mütter, andre Jugend,
andre Jugend, andre Männer -:
Stark und stolz, gesund und fröhlich,
leichten, kampfgeübten Geistes,
Überwinder aller Schwerheit,
Sieger, Tänzer, Spötter, Götter!

Siehe: Morgenstern, Christian, In Phanta‹s Schloss, o.O. 1895.

53 Eine umfassende Auseinandersetzung mit der Adaption des germanischen Helden in der Literatur bietet: Sechtig, Daniela M., Arminius vs. Siegfried, Die Entwicklung des germanischen Helden in der deutschen Literatur, Hamburg 2008.

54 Im Rahmen des Ausstellungsprojektes ›Imperium–Konflikt–Mythos, 2000 Jahre Varusschlacht‹ hat sich das Lippische Landesmuseum Detmold dem Aspekt des Mythos' gewidmet. Der Begleitband zur Ausstellung gibt Einblick in die Entstehung und Funktionsweise politischer Mythen am Beispiel des deutschen Nationalstaats. Landesverband Lippe/Lippisches Landesmuseum Detmold (Hg.), 2000 Jahre Varusschlacht. Mythos, Stuttgart 2009, S. 140 ff.

55 vgl. Hofstätter, Hans H., Das Drachenmotiv in der abendländischen Kunst, in: die waage 26 (1987), S. 106 ff.

56 Siehe hierzu auch: Jung, Carl Gustav, Über die Archetypen des kollektiven Unbewussten, in: ders., Bewußtes und Unbewusstes, 18. Aufl., Frankfurt am Main 1978, S. 11–12.

57 Zu den theoretischen Grundlagen auch der modernen Esoterik gehört beispielsweise Platons Philosophie des inneren Erkenntnisweges und der Mystik. Auf der konsequenten Anwendung dieser Arbeit basieren nicht nur die christlich-gnostischen Strömungen oder die Alchemie des Mittelalters, sondern auch der Okkultismus. Als weitere antike Grundlage der Esoterik wird die metaphysische Lehre der Logik des Aristoteles gesehen. Diese methodische theoretische Durchdringung schlug sich in der sogenannten Scholastik nieder, die Methode der Wissenschaft des Hochmittelalters und der Neuzeit.

58 Die Gründung der Theosophischen Gesellschaft (Theosophie = göttliche Weisheit) 1875 in New York gilt als Geburtsdatum der modernen Esoterik. Als Vorsitzender der deutschen Abteilung entwickelte der österreichische Esoteriker und Philosoph Rudolf Joseph Lorenz Steiner seine christlich-abendländische Anthroposophie (Erkenntnis der menschlichen Natur). Auch Carl Gustav Jung hatte mit seiner tiefenpsychologischen Archetypustheorie erheblichen Einfluss auf die moderne populäre Esoterik.

59 Tolkien hat bereits im Vorwort der englischen Ausgabe von 1966 jegliche Spekulationen »Der Herr der Ringe« sei ein Gleichnis auf die beiden Weltkriege, die er miterlebte, zurückgewiesen.

60 Das Titelbild zeigt Gerhard Schröder, wie er als fellbekleideter germanischer Recke einen Drachen mit dem Schwert durchbohrt. Der Titel: ›Sparpaket, Steuerreform, Hombachs Abgang, Holocaust-Mahnmal–Der Kraftakt–Die große Wende der Bonner Ära‹. Diese Stichworte reichen angesichts des Drachentötermotivs im Titelbild auch heute völlig aus, um die hochkomplexe und nahezu unlösbare politische Aufgabe Schröders zu veranschaulichen.

61 Natürlich gibt es auch Ausnahmen, die zumindest in ihrem Szenario an die alten Drachenkämpfe erinnern und sicher nicht zufällig findet sich auch ein Königreich Leviathan unter den Fantasyrollenspielen.

62 Ein Blick ins Internet zeigt unter den Stichworten ›Drache‹, ›Esoterik‹ die vielfältigen Verwendungsgebiete des esoterischen Drachen auf dem Markt: Traumdeutung, diverse Diskussionsforen, Astrologie, Handel und Großhandel, Feng Shui und vieles andere mehr. Von der Qualität der drachigen Lebenshilfeangebote kann sich jeder selbst ein Bild machen.

63 Die Handlung des 2002 in die deutschen Kinos gekommenen Films ist schnell erzählt: Ein riesiges feuerspeiendes Ungeheuer wird aus seinem Jahrtausende währenden Tiefschlaf geweckt, vermehrt sich und rottet mit seinen Nachfahren die Menschheit beinahe aus. Deshalb machen sich zwei Helden an die Befreiung der Erde von den hochintelligenten Drachen und entfachen eine düstere und lautstarke Leistungsschau der Pyrotechnik und der Spezialeffekte.

# Literaturempfehlungen

Ein populärwissenschaftlicher Überblick über die Drachen der Schöpfungsmythen in Asien und Europa:
Bandini, Pietro, Drachenwelt. Von den Geistern der Schöpfung und Zerstörung, Stuttgart 1996.

Eine Bestandsaufnahme und Interpretation der Eigenschaften und Bedeutung des Drachen als Symbol in ausgewählten Kulturkreisen im Rahmen einer Dissertation:
Burkholter-Trachsel, Max (Hg.), Der Drache. Das Symbol und der Mensch, Bern/Stuttgart 1981.

Über den Ursprung des Drachen in aller Welt, die Hintergründe der mythologischen Drachenkämpfe und die verschiedenen Schulen der Drachenforschung:
Schmelz, Bernd/Vossen, Rüdiger (Hg.), Drachenspuren. Ein Buch zum Drachenprojekt des Hamburgischen Museums für Völkerkunde, Hamburg 1995.

Über die Hintergründe und Geschichte des Further Drachenstichs und das Motiv des Drachenkampfes:
Baumann, Winfried, Der Drache aus Böhmen. Von der Geschichte zum Festspiel in Furth i. Wald, Regensburg 1986.

Ein Buch mit zahlreichen Drachenmythen, -sagen, -märchen und -legenden aus aller Welt:
Rinkenbach, Iris/Hodapp, Bran O./Hodapp, Gisela Helena, Das Große Buch der Drachen, Darmstadt 2002.

Über die Rolle des Drachen im Geschlechterkampf aus feministischer Sicht:
Stapenhorst, Lucie M., Die Drächin und der Held. Vom Kampf gegen die weibliche Ur-Macht in Mythen, Märchen und Tiefenpsychologie, Norden/Ostfriesland 1993.

Humorvoll geschrieben und reich an zeitgenössischen Zitaten verschafft das Buch einen populärwissenschaftlichen Überblick über die wichtigsten Fabelwesen, einschließlich der Drachen:

Drostel, Janina, Einhorn, Drache, Basilisk. Fabelhafte Fabelwesen, Ostfildern 2007.

## Webseiten

Eine umfangreiche Quelle zum Thema Drachen, Bibel und Chaoskampf in Vorderasien:
http://www.bibelwissenschaft.de/wibilex/das-bibellexikon/.

Eine private Seite zur Kulturwissenschaft mit umfassenden Informationen zum heiligen Georg:
http://www.heinrich-tischner.de/50-ku/sagen/ht-gg.htm.

Die Homepage des österreichischen Drachenforschers Georg Friebe mit Hintergründen, Sagen, und Ausstellungsberichten vor allem aus dem Alpenraum:
http://bestiarium.net/auswahl.html.

Die Homepage des Drachenforschers Arnulf von Heyl mit einer sehr umfangreichen Literaturliste:
http://www.drachenkosmos.de/homeframe.htm.

Die offizielle Homepage zum Drachenstich in Furth im Wald:
http://www.drachenstich.de/.

Die offizielle Homepage des Drachenmuseums in Furth im Wald:
http://www.drachenmuseum.de/.

## Abbildungsverzeichnis

Schwerdt, Wolfgang: S. 102

Spiegel: S. 113

Wikimedia Commons: S. 19, 21, 28, 29, 31, 36, 37, 39, 45, 57, 59, 63, 66, 81, 82, 85, 90, 94, 97, 100, 103, 105, 116